RENATO VARGENS

MASCULINIDADE XY EM CRISE

E SEUS EFEITOS NA IGREJA

FIEL Editora

V297m Vargens, Renato, 1967-
　　　　Masculinidade em crise e seus efeitos na igreja / Renato Vargens. – São José dos Campos, SP: Fiel, 2020.

　　　　Inclui referências bibliográficas.
　　　　ISBN 9788581326825 (brochura)
　　　　　　　9788581326832 (epub)

　　　　1. Homens (Teologia cristã). 2. Homens cristãos – Vida religiosa. 3. Masculinidade – Aspectos religiosos – Cristianismo. I. Título.

　　　　　　　　　　　　　　　　　　　　　　　CDD: 248.842

Catalogação na publicação: Mariana C. de Melo Pedrosa – CRB07/6477

Masculinidade em crise e seus efeitos na igreja

Copyright © 2019 por Renato Vargens

∎

Copyright © 2020 Editora Fiel

Primeira edição em português: 2020

Todas as citações bíblicas foram retiradas da versão Almeida Século 21, exceto quando informadas outras versões ao longo do texto.

Todos os direitos em língua portuguesa reservados por Editora Fiel da Missão Evangélica Literária

PROIBIDA A REPRODUÇÃO DESTE LIVRO POR QUAISQUER MEIOS SEM A PERMISSÃO ESCRITA DOS EDITORES, SALVO EM BREVES CITAÇÕES, COM INDICAÇÃO DA FONTE.

∎

Diretor: Tiago J. Santos Filho
Editor-chefe: Tiago J. Santos Filho
Revisão: Shirley Lima - Papiro Soluções Textuais
Diagramação: Rubner Durais
Capa: Rubner Durais
ISBN impresso: 978-85-8132-682-5
ISBN eBook: 978-85-8132-683-2

FIEL Editora

Caixa Postal 1601
CEP: 12230-971
São José dos Campos, SP
PABX: (12) 3919-9999
www.editorafiel.com.br

SUMÁRIO

Apresentação..7
Introdução.. 11

CAPÍTULO 1
Masculinidade em crise.. 17

CAPÍTULO 2
Entendendo a masculinidade na Bíblia 43

CAPÍTULO 3
A crise de masculinidade e seus efeitos na igreja...... 81

CAPÍTULO 4
O que fazer?... 113

Conclusão... 129
Apêndice 131

APRESENTAÇÃO

Eu nasci numa família com papéis bastante definidos. Meu pai sempre foi o provedor, aquele que acordava cedo e dormia tarde para suprir as necessidades básicas da casa. Já minha mãe era a típica dona de casa, aquela que preparava a comida, lavava a roupa, arrumava a meninada para a escola e sempre estava ao lado de meu pai como sua auxiliadora. Na minha cabeça, os papéis de um homem e de uma mulher na relação familiar eram muito claros. Passadas algumas poucas décadas, porém, tudo mudou rapidamente. E mudou para pior.

Hoje impera uma confusão generalizada. Rapazes são bombardeados por conceitos que os têm levado a um total desconhecimento sobre o que é ser homem de fato. Os padrões que outrora forjaram nossa cultura sobre masculinidade têm sido sistematicamente destruídos com o apoio da mídia e de setores importantes do meio acadêmico. Assistimos diariamente a uma verdadeira cruzada, cujo alvo principal é a *desmasculinização* do homem. Papéis que antes eram tipicamente masculinos hoje já não o são mais.

Esse processo vem ocorrendo paulatinamente, ao longo dos últimos séculos, principalmente após o advento do Iluminismo, período marcado por grandes questionamentos aos padrões éticos revelados por Deus nas Escrituras. Já na segunda metade do século XX, com o surgimento da revolução sexual perpetrada por ideólogos marxistas na década de 1960, essa relativização fincou raízes profundas na cultura ocidental. O padrão divino do núcleo familiar estabelecido nas Escrituras, do casamento monogâmico e da heteronormatividade, passou a ser visto como algo negativo e que precisava ser destruído.

Algum desavisado pode achar que, por fazermos parte da Igreja, estamos imunes ao que está acontecendo do lado de fora da congregação. Ledo engano! Em *Masculinidade em Crise*, Renato Vargens joga luzes em toda essa discussão.

A princípio, Renato trabalha o reflexo da crise de masculinidade sobre a liderança da igreja, a qual, muitas vezes, sofre um acovardamento que é apelidado de "síndrome de Acabe", quando mulheres assumem papéis de liderança que não cabem a elas e eclipsam a liderança bíblica masculina. O autor também dedica um capítulo inteiro para tratar da influência da crise de masculinidade sobre a Igreja cristã, abordando a questão do pastorado feminino que tem sido adotado cada vez mais por algumas denominações evangélicas. Outra consequência enfatizada pelo autor é a feminização da fé, que tem como efeito a percepção que "os cultos evangélicos estão cada vez mais emotivos, mais sensitivos e menos racionais, o que obviamente atrai muito mais mulheres do que homens". Renato também faz uma análise superinteressante sobre a crise de masculinidade na adoração em comunidade, que está cada vez mais feminizada. Basta observar as letras das músicas entoadas nesses cultos, com um "víeis feminino e romântico."

O autor não apenas aponta as consequências dessa crise de masculinidade que atinge a sociedade e a igreja, mas apresenta qual o padrão de masculinidade à luz da Bíblia. Esse foco é importante, pois de nada adianta mostrar os problemas derivados dessa crise sem indicar um caminho de volta. É importante saber o que a Bíblia diz sobre o homem e buscar as respostas para as seguintes indagações: O que é ser homem segundo a Palavra de Deus? Como ser o líder do lar, ser o cabeça da família? O que significa ser um provedor, um sustentador da casa? O significa ser viril e corajoso? Como liderar na sociedade? Como ser um marido fiel e assumir uma posição sacrificial em relação a sua esposa? Renato Vargens trata de todos esses tópicos ao longo do livro, nos fornecendo respostas bíblicas fundamentais para os tempos em que vivemos.

Creio que este livro será um norte importante para as igrejas e para as famílias que têm vivido o drama dessa crise de masculinidade em nossos dias, e sua leitura será fundamental, não apenas para compreender essa realidade, mas para apontar caminhos para que os homens possam viver o papel escolhido por Deus para eles. Não tenho dúvidas que esse livro abrirá os olhos de muitas pessoas, principalmente pais e lideranças evangélicas que precisam urgentemente considerar este importante tema em suas casas e nos seus púlpitos.

Euder Faber
Presidente da Visão Nacional da Consciência Cristã
Campina Grande, Janeiro de 2020.

INTRODUÇÃO

Há aproximadamente três anos, venho refletindo sobre a crise de masculinidade que tomou conta do Ocidente. Olhar para o comportamento masculino, não somente na sociedade, mas também na igreja, me fez pensar que eu precisava escrever algo sobre aquilo que considero um grave problema social e eclesiástico. Para tanto, comecei a ler, estudar e observar o procedimento masculino nos relacionamentos interpessoais, no trato com a esposa e com os filhos, e principalmente na igreja de Cristo. Nesse contexto, cheguei à conclusão de que, neste início de século, temos vivenciado uma crise severa entre os homens — crise que tem reverberado de forma bastante negativa na sociedade como um todo.

Ora, é claro que eu sei que, desde a queda de Adão, as crises sempre fizeram parte da existência humana. No entanto, acredito que a atual geração jovem esteja experimentando dias especialmente complicados, em virtude da relativização de valores, conceitos e ideias. A propósito, você já se deu conta de que o relativismo tem sido uma das características mais acentuadas de nosso tempo? Em verdade, tornou-se comum encontrarmos, nas esquinas de nossas cidades, frases cunhadas por gente de todo o tipo que afirma categoricamente:

"Isso é relativo."

"Essa pode ser a sua verdade, mas não é a minha."

"Para você, isso pode até parecer verdadeiro, mas não para mim."

O relativismo é a corrente filosófica que se baseia na relatividade do conhecimento humano e rejeita qualquer verdade ou valor absoluto. E, se não bastasse isso, também tem como fundamento a ideia de que os valores que regem a sociedade devem ser plurais, variáveis e desprovidos de ortodoxia.

Veja, por exemplo, o conceito pós-moderno de família, que não encontra suporte exclusivamente numa relação heterossexual e monogâmica. Na verdade, ao contrário daquilo que as Escrituras definem como "relação familiar", os defensores do relativismo pregam contra o absoluto bíblico, visando extirpar, do mundo ocidental, marcos e balizas estabelecidas pelo cristianismo. Nessa perspectiva, os relativistas afirmam que os conceitos e valores que nossos antepassados consideravam absolutos seriam, de fato, questionáveis e ultrapassados. Nessa linha, casamento, fidelidade conjugal, masculinidade, feminilidade e sexualidade vêm ganhando, por parte dos adeptos dessa corrente, novos contornos, segundo os quais a verdade quase sempre é questionada. Isso me faz lembrar de um texto do Antigo Testamento em que o profeta Isaías afirma a existência de pessoas que, influenciadas pelo *relativismo*, chamam bem de mal, e mal, de bem; luz, de trevas, e trevas, de luz (Is 5.20).

Para nossa tristeza, em nome de uma falsa liberdade, a juventude atual tem desconstruído valores que nos são caros, levando a sociedade ocidental à mais profunda bancarrota espiritual, existencial e social. E, para agravar a situação, o adversário de nossas almas tem investido com ímpeto contra nossas casas, atacando o homem, sua função na família, seu papel na igreja e na sociedade, e, acima de tudo, sua masculinidade. Em suma, o relativismo desta era tem posto em xeque o sentido de ser homem, desmantelando, assim, o conceito judaico-cristão de masculinidade, invertendo papéis, empoderando a mulher e feminizando o homem.

O fato é que as consequências dessa tendência têm sido drásticas. Em verdade, chego à conclusão de que boa parte dos problemas vivenciados em inúmeras famílias se deve, em parte, a uma grave crise de masculinidade. Entendo que o Ocidente — e, é claro, nossas igrejas — tem experimentado os reflexos de um mundo "feminizado". Digo mais: com base em minha experiência pastoral, percebo que, em virtude da omissão masculina, um número significativo de adolescentes e jovens tem perdido referências fundamentais e indispensáveis à saúde emocional, espiritual e familiar. Juntam-se a isso a ação do feminismo e a desconstrução dos valores bíblicos e cristãos quanto ao papel do homem na família e na sociedade, o que, ao longo dos anos, tem contribuído para a *masculinização das mulheres* e a *feminização dos homens*.

Em 2009, a escritora e ex-atriz Maria Mariana, em entrevista à revista Época,[1] afirmou categoricamente que homens e mulheres têm funções e habilidades bem diversas. Segundo a escritora, "homem e mulher estão no mesmo barco, no mesmo mar. Há ondas, tempestades, maremotos. Alguém precisa estar com o leme na mão. Os dois, não dá. Deus preparou o homem para estar com o leme na mão. Porque ele é mais forte, tem raciocínio mais frio. A mulher tem mais capacidade de olhar em volta, ver o todo e desenvolver a sensibilidade para aconselhar. A mulher pode dirigir tudo, mas o lugar dela não é com o leme". Essa declaração causou enorme rebuliço entre as feministas, até porque, ao assegurar que o homem é quem deve ter o leme nas mãos, Mariana, segundo as adeptas do feminismo, cometeu um "irreparável" desatino. Entretanto, ainda que o grupo em questão discorde dessa assertiva, a Bíblia é clara ao afiançar que a função masculina consiste em ter o

---

[1] Revista Época, "Deus quer o homem no leme", edição de 7 de maio de 2009.

"leme nas mãos". Ora, Paulo, ao escrever aos efésios, deixa claro que o homem é quem deve conduzir o lar, e não sua mulher (Ef 5.23-25).

Assim, este livro foi escrito com o propósito de resgatar os conceitos bíblicos e absolutos de masculinidade, buscando resposta, à luz das Escrituras, para questões como: o que é ser homem; qual é o papel bíblico do homem na família; como ele deve portar-se na igreja; e qual é sua importância na construção de uma sociedade mais saudável. Além disso, também aborda os problemas da crise de masculinidade inerentes à vida na igreja e à sua liturgia, oferecendo respostas a pastores e líderes que, diante de uma cosmovisão secularizada, perderam-se na condução de suas comunidades locais.

Oro ao Senhor para que a presente leitura contribua para a edificação da igreja brasileira, a fim de despojar, de nossas comunidades locais, os estereótipos deste mundo relativista, construindo, assim, paradigmas consistentes com o que a Bíblia ensina quanto à masculinidade e ajudando o leitor a entender o propósito de Deus para os homens, a fim de que o homem de Deus seja perfeito, além de perfeitamente preparado para toda boa obra (2Tm 3.17).

Boa leitura!
Renato Vargens

CAPÍTULO 1
MASCULINIDADE EM CRISE

Alguns estudiosos das ciências do comportamento têm afirmado que o Ocidente experimenta, na atualidade, uma severa crise de masculinidade, com o que concordo. A prova disso é vista nos mais variados grupos sociais que, aos poucos, têm desconstruído a ideia do que significa ser homem. Ademais, nossa época também tem sido marcada pela remoção dos marcos judaico-cristãos que nortearam os valores do Ocidente por séculos a fio, de modo a arruinar toda a nossa concepção acerca do significado de masculinidade. Dentro da igreja, por exemplo, os reflexos desse panorama podem ser sentidos em diversas esferas, desde aqueles que ocupam os bancos até os líderes em geral; do ministério de música à disciplina eclesiástica; da juventude à terceira idade.

Talvez, ao ler este capítulo inicial, você esteja dizendo para si mesmo: "Ah! Mas o mundo mudou, e isso se percebe nitidamente no comportamento tanto de homens como de mulheres. Os homens estão mais sensíveis, mais preocupados com a aparência — basta olhar, por exemplo, como cresceu o mercado de cosméticos masculinos e a proliferação de espaços de beleza voltados para eles. Agora não existe mais apenas o "dia da noiva"; o noivo também pode desfrutar um dia exclusivo de cuidados para o casamento, dizem outros.

Pois é, para complicar ainda mais o meio de campo, peças de roupa antes tidas como femininas, como saias, por exemplo, já fazem parte do guarda-roupa masculino. Aliás, noutro dia, enquanto me dirigia ao supermercado, testemunhei uma cena no mínimo inusitada. Vi um homem no ponto de ônibus vestindo saia, o que, obviamente, me chamou a atenção. Há pouco, numa escola do Rio de Janeiro, um professor deu aula com esse tipo de indumentária, como se fosse a coisa mais comum do mundo. E, como se isso não bastasse, entre os mais jovens, a tendência à adoção desses hábitos tem sido ainda maior. A moda deixa isso bem claro: roupas apertadas, cabelos trabalhados e estilizados, sobrancelhas feitas, unhas pintadas, tudo em nome de um excessivo zelo pela imagem. E essa preocupação demasiada com a aparência tem criado um tipo de masculinidade adaptada que não transmite as sensações de força e segurança, próprias do homem.

Para agravar a situação, a feminização da cultura tem sido a característica de uma sociedade que sofre forte influência por parte do feminismo. O fato é que o feminismo empoderou de tal maneira as mulheres que os homens têm considerado *démodé* ser homem. Nessa perspectiva, a masculinidade foi relativizada, o comportamento firme comum aos homens (que não deve ser confundido com machismo) foi "adoçado" e sua postura, outrora máscula, foi distorcida, proporcionando, com isso, uma grave crise comportamental na sociedade, além de uma nítida inversão de papéis. Junta-se a isso o fato de a liderança masculina na família ter sido substituída por uma organização "igualitária", em que marido e esposa "compartilham" as responsabilidades da liderança da casa, distorcendo, assim, o padrão familiar estabelecido por Deus. Dessa maneira, a ideia bíblica de que o homem é o cabeça do lar (1Co 11.3-12; Ef 5.22-23) tem sido considerada, pelas feministas, um verdadeiro absurdo, fruto de uma sociedade patriarcal e primitiva, algo a que se deve resistir com todas as forças. Uma prova disso é que nosso tempo tem sido marcado pelo conceito de que a esposa, em hipótese alguma, deve submeter-se à autoridade do marido. Ademais, o papel do homem como provedor do lar e da família foi rejeitado, sendo introduzido um novo modelo de responsabilidade econômica compartilhada.

Infelizmente, a visão reinante em nossos dias é que a mulher não deve concordar com a ideia bíblica de que o homem tem o dever de prover as necessidades financeiras da família. As feministas defendem que o ensinamento bíblico de que o homem é o provedor do lar (1Tm 5.9) é parte de uma conspiração masculina para manter as mulheres sob seu domínio, por meio de medidas que as tornem economicamente dependentes. Além disso, a condição de dona de casa tem sido ridicularizada pelas feministas, que consideram as mulheres que desempenham esse papel arcaicas, ultrapassadas, bem como massa de manobra de uma sociedade efetivamente patriarcal.

Em 2016, algumas feministas ficaram furiosas porque Marcela Temer, esposa do então presidente da República Michel Temer, foi considerada bela, recatada e do lar por parte da imprensa e da sociedade. Qual é o problema de a mulher ser bela, recatada e do lar? Qual é o problema de uma mulher preferir cuidar do marido, dos filhos e da família? Qual é o problema de uma mulher cuidar da casa e gostar dessa tarefa?

O movimento feminista, além de intolerante, tem o prazer de se intrometer na vida daquelas que não desejam curvar-se à agenda intransigente do feminismo. Aliás, as feministas, em nome de uma indócil ditadura, não admitem pensamentos contrários àquilo que defendem, contrapondo-se, beligerantemente, às mulheres que optaram por ter uma vida recatada e do lar. Nessa perspectiva, levantam-se contra tudo e contra todos, introjetando, na mente de homens e mulheres, conceitos absolutamente antagônicos às Escrituras. E, para agravar a situação, muitas mulheres evangélicas têm sido influenciadas por essas ideias e conceitos.

Infelizmente, os preceitos e ensinos feministas têm invadido nossos lares e igrejas, levando-nos a perder a noção daquilo que as Escrituras consideram certo e errado, até porque, para as feministas, a Bíblia é um livro ultrapassado, obsoleto e, claro, machista. Nessa perspectiva, o feminismo tem imposto às mulheres a ideia de liberdade sexual, a relativização do aborto, a banalização do sexo, a conquista a qualquer preço do mercado de trabalho, a competição com o sexo oposto e o direito a fazerem o que bem entenderem com o corpo, ainda que isso represente a morte de uma criança indefesa. O feminismo insiste no empoderamento da mulher, na "machificação" da fêmea e na relativização dos relacionamentos familiares

Assim, a orientação bíblica de que a mulher seja "dona de casa" (Tt 2.4-5) tem sido rejeitada com rigor pelas feministas. As pessoas com mentalidade feminista consideram indigno que uma mulher fique em casa e limite suas atividades à esfera do lar e da família, pois, para as feministas, ter uma carreira profissional é algo mais conveniente e significativo do que ser esposa e mãe, ou ser "sustentada" financeiramente por seu marido, o qual recebeu de Deus a orientação de ser o principal provedor da família.

Aliás, você já percebeu que, contrapondo-se ao ensino bíblico, existem homens que se acomodaram debaixo da "saia" de suas mulheres, sendo sustentados por elas, abrindo mão da orientação bíblica de que o marido deve ser o líder e o provedor do lar? Eu mesmo conheço alguns homens assim. Homens que se dizem cristãos, mas que ficam em casa, enquanto suas mulheres trabalham duro para sustentar suas famílias. Ora, alguma coisa está errada! Afinal, este não é um princípio, muito menos um comportamento, incentivado pelas Escrituras.

Por muitos séculos, a identidade masculina esteve ligada à sua virilidade e à capacidade de sustentar e prover sua casa. A imagem do homem herói, guerreiro, valente, corajoso, destemido, caçador, conquistador e protetor permeou as diversas culturas e ornou sua figura na história. No entanto, o relativismo de nossos dias tem levado ao declínio esse modelo de homem.

O homem moderno trocou a aparência viril por uma estética mais delicada, quase beirando a imagem feminina. Há quem diga que isso é apenas uma questão cultural, uma espécie de estereótipo que se contrapôs ao modelo patriarcal reinante no Ocidente por séculos a fio; contudo, não se pode negar que essas mudanças estão colocando o homem numa verdadeira berlinda existencial. Os homens deste tempo tornaram-se mais emotivos, chorando por tudo e por qualquer motivo.

Antes de continuar com meu raciocínio, é preciso dizer que não sou adepto do pensamento de que homem não chora, até porque acredito que existem momentos, circunstâncias e situações em que o choro é extremamente legítimo e importante. Pessoalmente, entendo o choro diante do luto, do divórcio, da enfermidade que castiga o próprio corpo ou o de um ente querido, ou até mesmo em razão do drama visto em um filme, ou uma peça de teatro, além é claro, de outras coisas mais. No entanto, o que temos visto em nossos dias são homens que choram por razões banais.

Um exemplo claro ocorreu durante a Copa do Mundo de 2014, quando os jogadores brasileiros, ao término das partidas, choravam de emoção. O que dizer, então, das Olimpíadas? Confesso que fiquei impressionado com a quantidade de atletas que, no decorrer da competição, choravam desesperadamente. Veja bem não estou falando daquele que se emocionou ao ganhar uma medalha, ou até mesmo por ter sido desclassificado de forma injusta. Falo daqueles que, por qualquer motivo, choram. Ora, vamos combinar uma coisa? Será que podemos considerar normal os homens chorarem em qualquer situação? E mais: será que isso não se deve, em parte, à feminização da cultura?

E, em meio a tanto choro, é inevitável lembrar Lothar Matthäus, ex-jogador da seleção da Alemanha que, na Copa do Mundo do Brasil, criticou o comportamento dos jogadores brasileiros. Segundo o ex-meio-campista germânico, os atletas da Seleção Brasileira choraram demais no Mundial, o que seria sinal de inexperiência e fraqueza. "Não compreendo por que um jogador de futebol chora. Os brasileiros sempre choram. Se soa o hino, eles choram. Eliminaram o Chile e choraram. Perderam para a Alemanha e choraram. Eles têm de mostrar que são homens, que são fortes. Nunca tinha visto nada tão nefasto quanto a linguagem corporal dessa equipe", comentou.[2]

Talvez, ao ler este texto, você esteja dizendo para si mesmo: "Discordo, até porque Jesus também chorou". É verdade, Jesus chorou, sim, mas ele era forte e viril quando precisava ser, isso sem falar que ele chorou a morte de um amigo (Jo 11.32-36). Além desse episódio, a Bíblia relata que Jesus chorou pelo menos mais duas vezes, ao ver os pecados de Jerusalém (Lc 19.41-42) e antes da crucificação (Hb 5.7), o que, com certeza, é bem diferente daqueles que choram por qualquer motivo. Lamentavelmente, a geração de hoje está cheia daquilo que chamo "homens MIMIMI", aqueles que choram em qualquer situação. Homens extremamente sensíveis que, quando contrariados, fazem um grande drama, pranteando por se sentirem injustiçados.

---

[2] Disponível em: https://copadomundo.uol.com.br/noticias/redacao/2014/07/13/astro-alemao-em-1990-critica-excesso-de-choro-de-brasileiros-na-copa.htm. Acesso em: 30 jan. 2009.

Como já assinalado, o que temos testemunhado é a relativização do papel masculino, fruto direto do marxismo cultural, o qual, em nome do empoderamento da mulher, tem procurado "feminizar" o homem, tornando-o incapaz de cumprir seu papel de líder na família, na igreja e na sociedade. Assim, é fácil concluir que, nos últimos anos, o homem do século XXI vem perdendo características masculinas "clássicas", como firmeza, virilidade, coragem, força e honra. Em nome do politicamente correto, as duas últimas gerações têm sido bombardeadas com conceitos e valores que têm proporcionado certo "desequilíbrio da sociedade", o que, por conseguinte, tem produzido o enfraquecimento da família, tornando-a vulnerável a condicionamentos externos, como nitidamente vemos no Ocidente.

A crise de masculinidade tem gerado homens extremamente sensíveis e inseguros, incapazes de liderar a família e de ser a linha de frente contra os perigos e os males que atacam o lar. Também entendo que a feminização do homem ocidental tem sido catastrófica para a igreja pelo menos em quatro aspectos:

1) O ACOVARDAMENTO MASCULINO NA LIDERANÇA DA IGREJA

Você já se deu conta de que os homens da atual geração jovem são cada vez mais covardes? Já reparou que boa parte desses homens tornou-se medrosa e fraca, entregando a direção da igreja às mulheres? Já percebeu que o acovardamento masculino tem contribuído para o crescimento do número de "pastoras" e "bispas" na liderança das igrejas, algo certamente reprovado pelas Escrituras (1Tm 3.1-7)? Basta olharmos para as igrejas ocidentais que testemunhamos isso. O acovardamento masculino tem colocado na linha de frente aquelas que deveriam servir de suporte na edificação da igreja, mas, em virtude da omissão masculina, muitas mulheres têm assumido um papel que, do ponto de vista das Escrituras, não cabe a elas.

Ora, a Palavra de Deus ensina que o homem é quem deve conduzir a Igreja de Cristo (Tt 1.5-7). Paulo, ao escrever a Timóteo, traz qualificações que todo homem de Deus, e não as mulheres, deveria possuir (1Tm 3.1-7). Ademais, no livro de Atos, não vemos um texto sequer que exima o homem da responsabilidade de conduzir a Igreja de Deus, ou mesmo que recomende as mulheres a conduzir o rebanho do Senhor. Contudo, apesar do que temos visto, são homens omissos e acomodados, que preferem entregar a condução da Igreja às suas mulheres a cumprir seu papel de líderes na comunidade da fé, isso sem falar naqueles que foram "dominados" por suas esposas, vivenciando o que chamo de "síndrome de Acabe". Acabe foi um rei mau (1Rs 16.30) que permitiu que a esposa, a rainha Jezabel, determinasse o rumo de suas ações, assumindo o controle da nação.

Lamentavelmente, em seu lar e em sua nação, Jezabel era quem liderava no lugar de seu esposo e rei.

Caro leitor, você já se deu conta de que, infelizmente, existem inúmeros pastores que se enquadram nesse perfil? Quantos não são aqueles "marionetados" por suas esposas e que, de forma subserviente, submetem-se aos mandos e desmandos de seus cônjuges, preferindo omitir-se e esconder-se atrás da linha de batalha? Outro dia, eu soube de uma esposa que disse que a palavra dela tem tanto peso na igreja quanto a palavra do seu marido e, mesmo que ela não seja "pastora", o esposo não pode fazer nada sem que antes ela concorde com o assunto ou o tema proposto, isso sem falar naquelas que querem dar seus palpites e ordens nos departamentos da igreja, como música, jovens, adolescentes e casais.

Na minha experiência pastoral, tenho visto muitos homens sofrendo da "síndrome de Acabe", vivendo um caos na família e na igreja, pelo fato de suas esposas, tomadas pelo autoritarismo — fruto do feminismo —, terem invertido os papéis em seus lares e na comunidade em que vivem. Na verdade, as mulheres em questão, devido à omissão masculina, têm aproveitado a ocasião e se insurgido contra o ensinamento bíblico de que a esposa deve auxiliar o marido, e não competir com ele ou dominá-lo.

A conclusão a que chegamos é que a igreja, em virtude desse comportamento distorcido e antibíblico, tem sofrido em demasia, e que o fato de o homem entregar a liderança da igreja às mulheres, abandonando o *front*, tem trazido malefícios praticamente irreparáveis à igreja de Cristo.

2) A OMISSÃO NA EDUCAÇÃO DOS FILHOS

As Escrituras nos ensinam que a função de educar os filhos é prioritariamente responsabilidade do homem. A Bíblia nos traz inúmeros textos que confirmam essa premissa. Entretanto, é importante ressaltar que, na estrutura familiar judaica, a mãe educava o filho até os seis, sete anos de idade, quando, então, passava a tutela para o pai, que, a partir de então, tornava-se o responsável direto, entre outras coisas, por ensinar ao menino o ofício familiar.

Em Gênesis 18.19, Deus deixa claro a Abraão que a responsabilidade pela instrução de seus filhos nos caminhos do Senhor estava sobre ele. Por meio de Moisés, em Deuteronômio 6.6-7, o Senhor disse aos israelitas que eles deveriam, quando estivessem sentados à mesa, ou mesmo andando pelo caminho, antes de dormir, ou ao acordar, instruir seus filhos na Palavra do Senhor. Salomão, por sua vez, deixou várias instruções ao escrever o livro de Provérbios. Uma das mais conhecidas se encontra no capítulo 22, verso 6: "Ensina a criança no caminho em que deve andar, e, ainda quando for velho, não se desviará dele". Aqui, o sábio Salomão deixa claro que é importante que o pai instrua o menino "no" caminho, e não "o" caminho, ou seja, a melhor forma de ensinarmos nossos filhos sobre o caminho de Deus é andando nele e com eles.

A questão é que, de certa forma, essa responsabilidade foi esquecida pelos homens ou terceirizada. Quantos, por exemplo, não são os maridos que transferiram a responsabilidade, às suas mulheres, de ensinar a Bíblia a seus filhos? Muitos, não é verdade? Infelizmente, a cada ano que passa, parece que os homens têm-se tornado cada vez mais omissos e mais irresponsáveis, e as consequências disso têm sido as piores possíveis, como, por exemplo, o afastamento de seus filhos da comunhão dos santos. Aliás, quantos não são os jovens que, por terem pais ausentes e omissos, foram "sequestrados" pelo adversário de nossas almas?

Isso me faz lembrar de um episódio ocorrido a Davi enquanto estava acampado em Ziclague (1Sm 30.1-7). As Escrituras nos dizem que o futuro rei de Israel, juntamente com seus homens, ausentou-se da cidade, deixando-a desguarnecida. A consequência disso: os amalequitas investiram com ímpeto contra ela, queimando-a e levando cativas as mulheres e crianças. O texto bíblico ainda afirma que, quando de seu regresso a Ziclague, Davi e seus homens, ao testemunharem o caos ali instalado, choraram amargamente. De fato, eles ficaram profundamente angustiados com o fato de aqueles que lhes eram mais caros haverem sido sequestrados por seus inimigos. Você consegue perceber que os inimigos só lograram êxito em Ziclague porque os homens estavam ausentes? Será que os amalequitas teriam sido bem-sucedidos em sua missão de levar cativas as mulheres e as crianças caso os homens não se tivessem ausentado da cidade? Penso que não.

Da mesma forma, Satanás tem logrado êxito em muitos lares porque os homens se encontram ausentes. Quantos, por exemplo, são aqueles que não se preocupam com seus filhos, com sua educação ou até mesmo em instruí-los nos caminhos do Senhor? Quantos não são os homens que têm dedicado a maior parte do tempo ao trabalho, pensando em ganhar dinheiro e se ausentando do lar? Lamentavelmente, não são poucos aqueles que, em nome do sucesso, têm mergulhado de corpo e alma no trabalho, abandonando, na esquina do esquecimento, aqueles que o Senhor lhes confiou. O fruto disto é que, muitos pais não dedicam tempo aos seus filhos, não celebram a vida, nem aproveitam momentos em que o riso, a festa e a comemoração em família se fazem presentes. E, para agravar ainda mais a situação, muitos são omissos na educação, na imposição de limites aos seus filhos, bem como na condução e na orientação sobre aquilo que a Palavra de Deus diz e ensina. A consequência não poderia ser pior: muitos filhos de crentes passaram a viver longe de Deus e da igreja de Jesus. Caro leitor, tenho a plena convicção de que a ausência paterna contribui significativamente para os problemas vivenciados por nossos jovens. Pais ausentes colaboram para o surgimento de marcas substanciais na vida de seus filhos; em contrapartida, pais presentes ajudam seus filhos a superar os dramas e dilemas do cotidiano com mais facilidade, além, é claro, de protegê-los dos ataques de Satanás. O problema é que, diante de uma visão distorcida do papel masculino, muitos pais têm abandonado seus filhos, tornando-os, assim, presas fáceis de "lobos" ferozes. Infelizmente, já tive a oportunidade de ouvir alguns homens declarando: "Meu papel é dar o pão e o sustento aos meus filhos; minha esposa que os eduque, até porque eu não tenho tempo para isso". Pais que pensam assim não se dão conta de que estão cometendo um erro gravíssimo. Os pais precisam ser e estar presentes no relacionamento com seus filhos, instruindo-os quanto aos caminhos do Senhor, afinal essa é uma ordem bíblica. Ademais, penso que, em tempos como os nossos, que experimentam uma séria crise de paternidade, precisamos, mais do que nunca, de homens marcados e transformados pelo poder do Espírito Santo de Deus, homens que cuidem, protejam, amem, eduquem e corrijam seus filhos e, claro, homens que, acima de tudo, espelhem, na relação com seus meninos e meninas, a vida e a beleza de Cristo.

Outro dia, ouvi uma história que vale a pena ser trazida aqui:

> Conta-se que algumas crianças estavam na rua brincando e conversando. O assunto eram seus pais. Uma delas afirmou, com alguma prepotência: "Meu pai conhece o prefeito da cidade e é muito amigo dele". Sem hesitar, outro garoto disse, todo contente: "Meu pai conhece o governador. Eles são muito amigos...". Mas, antes que esse menino concluísse sua fala, outro já se levantou e disse, em alto e bom som: "Meu pai conhece o chefe de polícia do estado. Ninguém o prende". Ao ouvir tudo aquilo, um garotinho, filho do pastor, que, até então, estava quieto, apenas assistindo àquela cena, olhou para os amiguinhos e disse: "Meu pai conhece Deus". E fez-se um *estrondoso* silêncio no ambiente. O pai desse pequeno menino, que, silenciosamente, observava aquela discussão acalorada, saiu vagarosamente daquele lugar, com os olhos cheios de lágrimas, e orou ao Senhor, agradecendo: "Pai, obrigado pelo meu filho e pela influência que tenho dado a ele em relação a ti".

E você? O que tem ensinado a seu filho? Será que seu comportamento em casa, no ambiente de trabalho, na igreja ou em sua relação familiar aponta para o fato de que, verdadeiramente, conhece o Senhor? Ou será que a espiritualidade que você vive é frágil, omissa e distante da Palavra de Deus?

3) A INCAPACIDADE DE OS HOMENS CUIDAREM DE SEUS LARES, PROTEGENDO-OS E LIDERANDO-OS

As Escrituras registram que Deus fez primeiro o homem e, em seguida, o colocou no jardim do Éden, "para o cultivar e guardar" (Gn 2.15). O decreto do Senhor era que o homem fosse o provedor de sua família e o protetor da criação. Depois disso, o Senhor lhe deu uma segunda ordem, para que ele se alimentasse das frutas de toda árvore do jardim, mas não da árvore do conhecimento do bem e do mal (Gn 2.16-17). Logo após, Deus declarou não ser bom que o homem estivesse só, determinando, portanto, fazer para ele uma auxiliadora que lhe fosse idônea (Gn 2.18). E, tendo assim decidido, executou seu plano, criando a mulher a partir de uma costela do homem e estabelecendo, assim, a família (Gn 1.28). Contudo, as Escrituras nos ensinam que Adão e Eva pecaram, desobedeceram ao Senhor, caindo do seu estado original, sendo expulsos do jardim e passando, portanto, a ser dominados pelo pecado (Gn 3.1-23).

Desde então, o homem passou a viver conforme os desejos de sua natureza caída, fazendo a vontade da carne, caminhando segundo o curso deste mundo e segundo o príncipe da potestade do ar (Ef 2.1-3). De forma rebelde, os filhos de Adão contrapuseram-se ao plano original do Senhor, fazendo o oposto a tudo aquilo que ele havia determinado. Em razão do pecado, o homem, que deveria cuidar da esposa e da família, atuando como seu provedor e protegendo-a do mal, abandonou seu papel e função, tornando-se aquilo que não deveria ser.

Lamentavelmente, o mundo em que vivemos, bem como o comportamento dessa humanidade caída e absorta em pecados, são provas indeléveis da plena depravação que tomou conta de todos, levando os homens a deixar de cumprir seu papel masculino. Contudo, as Escrituras nos dizem que o pecador, quando é regenerado pelo Espírito Santo e salvo por Cristo, mediante a graça, deixa de andar conforme o curso deste mundo, almejando, assim, viver em obediência ao seu Salvador (Ef 2.1-10). Entretanto, como o mundo jaz no maligno (1Jo 5.5), o crente em Jesus é tentado a tomar a forma desse sistema caído e pérfido (Rm 12.1-2), deixando de cumprir os desígnios do Senhor. Por isso, muitos cristãos têm sido iludidos por cosmovisões antagônicas à Palavra de Deus, moldando-se por valores que são a antítese daquilo que foi revelado pelas Escrituras, tornando-se comum encontrarmos homens indispostos a liderar suas casas no temor do Senhor e a desenvolver o santo papel de cuidar, proteger, amar e liderar suas esposas e seus filhos.

A consequência disso tem sido uma nítida inversão de papéis. Homens que deveriam amar, cuidar e proteger suas esposas tornaram-se a parte frágil da relação. E, para nossa tristeza, tornou-se comum ver, em nossas igrejas, uma grande quantidade de homens abandonando suas trincheiras e delegando às mulheres a liderança espiritual de suas casas.

Embora esse posicionamento possa ser considerado misógino por parte da sociedade, cumpre ressaltar que este ensino não diminui, absolutamente, o valor essencial da mulher, até porque entendo que ela desempenha um papel fundamental na família, mas as Escrituras nos ensinam que a liderança do lar cabe ao marido, como também a responsabilidade pela condução dos filhos na disciplina e na admoestação do Senhor. Entendo também que Deus colocou o homem como cabeça do lar, e a mulher, como sua auxiliadora (Ef 5.21-23; Gn 2.18), portanto inverter esses papéis significa não estar de acordo com o ensino bíblico. Quando o homem transfere a liderança de sua casa para a esposa, transgride a ordem estabelecida por Deus de que a liderança da família é um atributo masculino. Em verdade, a Palavra de Deus afirma que a esposa, a sogra ou quem quer que seja não deve ocupar a liderança da casa, visto que essa responsabilidade é do marido. Contudo, numa época em que a masculinidade tem sido relativizada, o que vemos são mulheres liderando suas casas, e não seus esposos.

Um exemplo disso é o resultado de uma pesquisa publicada pela revista Época Negócios,[3] revelando que o número de famílias chefiadas por mulheres mais do que dobrou em uma década e meia. De acordo com um estudo elaborado pelos demógrafos Suzana Cavenaghi e José Eustáquio Diniz Alves, coordenado pela Escola Nacional de Seguros, o contingente de lares em que as mulheres tomam as principais decisões saltou de 14,1 milhões, em 2001, para 28,9 milhões, em 2015 — um avanço de 105%!

É interessante observar que, no passado, o índice de lares comandados por mulheres crescia mais sob a influência do avanço de famílias de uma pessoa só, com ou sem filhos. Todavia, o novo levantamento aponta para um novo quadro. Embora a maior parte das chefes de família sejam aquelas que vivem sozinhas com seus filhos (um contingente de 11,6 milhões de pessoas), a principal novidade desse estudo foi o aumento expressivo do comando feminino em famílias em que há apenas um cônjuge. Entre os casais com filhos, o número de mulheres que chefiam suas famílias passou de 1 milhão, em 2001, para 6,8 milhões, em 2015. Já no caso dos casais sem filhos, o crescimento foi ainda maior, de 339 mil para 3,1 milhões, um salto de 822%.

Pois é, contra fatos não existem argumentos, não é? Os números nos mostram, de forma absolutamente

---

3 Revista Época *Negócios*. Acesso em 06 mar. 2018.

clara, que os homens, aos poucos, têm deixado de cumprir a sua função e vocação na liderança de seus lares, o que é grave. Entretanto, quando olhamos as Escrituras, percebemos, nitidamente, que grandes homens de Deus do passado, mesmo diante de crises, dilemas e dificuldades, não se omitiram diante dos desafios. Pelo contrário, a Palavra de Deus nos mostra que esses homens "tomaram o boi pelo chifre" e passaram a enfrentar as adversidades. Um exemplo disso é Josué, sucessor de Moisés na condução de Israel (Js 1.1-7). A Bíblia nos mostra que o povo atravessava um momento crítico, visto que Israel estava entrando na Terra Prometida e, com isso, eles enfrentariam grandes desafios. Segundo a Palavra de Deus, ao redor de Israel, havia muitas nações com divindades pagãs e práticas perniciosas. Contudo, o que vemos é Josué desafiando o povo a servir a Deus com fidelidade, afirmando que ele e sua casa serviriam ao Senhor (Js 24.15). E, ao afirmar que ele e sua casa serviriam ao Senhor, Josué trouxe para si o ônus da tomada de decisão. Na verdade, o sucessor de Moisés entendeu claramente que seu papel era muito mais que liderar a nação de Israel na Terra Prometida. Antes de tudo, ele precisava liderar seu lar, coisa que ele fez com autoridade, austeridade e firmeza.

O que falar, então, de Jó? Como costuma falar o nordestino, Jó foi um "cabra"[4] fantástico. As Escritu-

---

4 Adjetivo usado no nordeste brasileiro para designar, em geral, homens valentes, corajosos.

ras afirmam que ele tinha uma vida íntegra (Jó 1.8) e que cultivava um relacionamento exemplar com seus filhos — relacionamento que se refletia na amizade e no companheirismo entre os irmãos (Jó 1.4). Ademais, Jó velava constantemente pela vida espiritual de seus filhos. O versículo 5 diz que, decorrido o turno de dias de seus banquetes, chamava Jó a seus filhos e os santificava, portanto Jó era um intercessor, um homem de oração. Segundo o texto bíblico, Jó se levantava ainda de madrugada para orar por seus filhos, visto que eles podiam ter pecado contra o Senhor. Apesar de ser um homem de negócios, rico, próspero e profissionalmente muito ocupado, ele não abria mão de orar e interceder por seus filhos. Que exemplo espetacular! Ao orar ainda de madrugada por seus filhos, Jó cumpria, de forma eficaz, o papel de líder e sacerdote de seu lar, servindo, portanto, de exemplo para uma geração de homens descompromissada com a família.

À luz da inerrante Palavra de Deus, entendo que, se o homem falha em sua liderança, toda a sua casa corre o risco de fracassar, até porque, segundo a Bíblia, é o homem o líder e o sacerdote da família, visto que é a autoridade constituída por Deus. A Escritura ainda ensina que o homem deve, em amor, liderar e dirigir sua casa, de modo a tornar seu casamento uma bênção de Deus para a igreja e a sociedade.

4) A "INFANTILIZAÇÃO" DO HOMEM

O que é maturidade? Ao tentar responder a essa pergunta, é inevitável não pensarmos em frutas. Em geral, quando uma fruta não está boa para ser consumida, dizemos que "não está madura"; em contrapartida, quando está pronta, afirmamos que "amadureceu", ou seja, já pode ser ingerida.

A maturidade em nossas vidas, é obvio, é algo muito mais amplo que isso. Do ponto de vista comportamental, maturidade é sinônimo de responsabilidade, ou seja, se você é uma pessoa madura, isso é sinal de que você é responsável o suficiente para assumir algo — um casamento, um trabalho ou outra coisa do tipo. No entanto, vivemos em uma época em que um número incontável de homens não amadureceu. Na verdade, boa parte dos homens da atual geração jovem pode ser denominada como "homeninos",[5] ou seja, homens que envelheceram, sem, contudo, haverem amadurecido. Na verdade, esse tipo de homem, por motivos diversos, costuma desenvolver, no cotidiano, uma espécie de comportamento adolescente, desprovido de responsabilidade e maturidade emocional.

Os psicólogos dizem que um homem com essa natureza sofre de "síndrome de Peter Pan". Segundo os contos de fadas, Peter Pan é um menino que não quer

---

5 Expressão originalmente usada por Darrin Patrick, no livro *O plantador de igrejas*, publicado no Brasil pelas Edições Vida Nova.

crescer. A história diz que o garoto, além de ser capaz de voar, é alguém desprovido do senso de responsabilidade. A liberdade, para Peter Pan, é uma questão primordial. Em sua infância, ele acreditava que não precisava arcar inteiramente com as consequências de suas ações. Assim, em virtude de sua meninice, sempre será possível haver um filtro mágico entre ele e a realidade, salvaguardando-o do mundo real. Não é isso que temos visto em muitos homens? Quantos não são aqueles que, como meninos mimados, rejeitam o crescimento emocional? Quantos não são os homens que preferem a barra da saia de suas mães a assumirem suas responsabilidades?

Lamentavelmente, a família, a igreja e a sociedade têm sofrido com homens desse tipo, que preferem comportar-se como meninos, deixando de lado a responsabilidade de conduzir suas casas, famílias e igrejas no temor do Senhor. É possível perceber a prova disso no impressionante número de crentes que, já na meia-idade, continuam agindo como adolescentes, comportando-se como garotos, movidos por rompantes irresponsáveis, abandonando seus casamentos (isso quando se casam), com a desculpa de estarem loucamente apaixonados por outras mulheres, mormente mais jovens do que aquelas com quem se casaram.

Sem sombra de dúvida, a infantilidade e a imaturidade têm sido as marcas de muitos homens do nosso tempo. Posso afirmar, sem hesitar, que nossas igrejas estão repletas de homens imaturos, irresponsáveis, que não querem crescer e que preferem viver o tempo todo como meninos. Outro dia, ouvi uma moça dizendo: "Pastor, tá faltando homem no pedaço". Ao ouvir sua afirmação, refleti um pouco e indaguei: "Como assim?", ao que ela, prontamente, respondeu: "As moças nas igrejas estão com dificuldade de encontrar homens para casar. A maioria é imatura, infantilizada... Eles não querem compromisso com o casamento, muito menos assumir as responsabilidades inerentes a esse papel". E, para agravar a situação, boa parte dos homens que se encontram em nossas igrejas são fracos, indecisos e incapazes de assumir compromissos sequer de namoro. Para a nossa tristeza, as igrejas brasileiras estão lotadas de "pegadores", ou seja, rapazes que querem beijos e sexo, sem, contudo, desenvolver um compromisso matrimonial.

Na década passada, conheci um homem de cerca de 40 anos que não cresceu, muito menos amadureceu. Dizendo-se crente, o sujeito namorava quantas mulheres estivessem ao seu alcance e, em virtude disso, recebera o apelido de "vassourinha", pois tinha o hábito de "varrer" as mulheres da igreja.

O que, então, falar das salas de bate-papo evangélico na internet? E das redes sociais? Volta e meia, ouço relatos de "homeninos" que usam galanteios e pseudoelogios apaixonados, com vistas a conquistar suas presas, sem, contudo, seguir adiante em seus compromissos.

Isso nos leva a concluir que a relativização do homem e de seu papel tem contribuído para o surgimento de eternos meninos. Homens imaturos, incapazes de sair da casa dos pais, medrosos, galanteadores, porém desprovidos de amor, que seguem a vida de forma despretensiosa, sem cultivar o desejo de amadurecer ou crescer emocionalmente.

Sinto que devemos rogar ao Senhor para que mude nossas igrejas. E não somente isso. Em uma época na qual o marxismo cultural tem destruído o papel do homem da sociedade, devemos orar para contar com uma igreja forte, que tenha como membros homens fortes e maduros, dispostos a servir ao Senhor, a deixar a casa dos pais, a constituir família, a amar sua esposa e seus filhos e a conduzi-los nas veredas do Altíssimo.

CAPÍTULO 2
ENTENDENDO A MASCULINIDADE NA BÍBLIA

O que significa ser homem? As respostas a essa indagação num mundo pós-moderno têm sido as mais variadas. Na verdade, a psicologia, a filosofia e até mesmo a sociologia têm construído conceitos antagônicos às Escrituras quanto ao papel do homem, bem como em relação à definição de masculinidade.

Nos últimos anos, muitos têm tentado redefinir o que significa ser homem, o que é bem complicado. Todavia, como cristãos, não devemos nortear nossa visão de mundo por aquilo em que as ciências sociais ou até mesmo a sociedade acreditam, mas, sim, pela Palavra de Deus. Como discípulos de Cristo, precisamos entender que a Bíblia deve ser nossa única regra de fé, com suprema autoridade em matéria de vida e doutrina; e que somente ela deve ser o árbitro de todas as controvérsias, sendo superior a qualquer conceito filosófico, psicológico ou até mesmo sociológico sobre aquilo que se afirma ser o homem. Cumpre ainda ressaltar que os reformadores consideravam que somente as Escrituras têm a palavra final em matéria de fé e prática.

Como já afirmei em meu livro *Reforma Agora*,[6] João Calvino costumava dizer que o verdadeiro conhecimento de Deus está na Bíblia. Para o reformador francês, como também para qualquer um de nós que se afirme crente, a Bíblia é a Palavra de Deus. Calvino também assinalou que a Bíblia é o único escudo capaz de nos proteger do erro,[7] o que nos leva a entender que a leitura e a aplicação das verdades bíblicas nos livram de heresias e distorções comportamentais, incluindo, é claro, conceitos sobre hombridade e masculinidade. Portanto, torna-se fundamental que entendamos que, como cristãos, importa-nos saber o que a Bíblia tem a dizer a respeito do homem ou até mesmo o que é masculinidade, até porque a Palavra de Deus é que deve orientar nossa visão da vida e do mundo.

A BÍBLIA E O HOMEM

A Bíblia é clara ao afirmar que Deus criou o homem (Gn 1.27) e que o fez distinto da mulher,

---

6 *Reforma agora*. São José dos Campos: Editora Fiel, 2013.

7 Calvino, *Institutas da religião cristã*, Livro I, Capítulo 6.

concedendo-lhe atributos particulares que, de forma clara, o distinguem dela. Ademais, as Escrituras ensinam que os homens foram dotados por Deus de características e funções diferentes das mulheres. Segundo as Escrituras, tanto o homem como a mulher foram criados por Deus, tendo o mesmo valor diante do Criador, pois não há diferença entre os sexos no que concerne a relevância e importância.

Assim, gostaria de destacar sete características de um homem segundo as Escrituras, características que devem não somente ser observadas, mas também ensinadas, a fim de que tenhamos famílias e lares ajustados, que glorifiquem a Deus em todas as suas dimensões relacionais.

a) Ser homem, segundo a Bíblia, é assumir a missão dada por Deus de proteger sua mulher

Os homens são chamados a proteger as mulheres. As Escrituras nos ensinam isso. De Gênesis a Apocalipse, a Bíblia nos mostra que um dos papéis do homem é guardar, proteger e livrar as mulheres do mal.

Gênesis nos instrui no sentido de que o Senhor orientou o homem a cuidar do jardim e a guardá-lo, onde, juntamente com Eva, deveria viver (Gn 2.15). É interessante observar que o texto bíblico nos mostra que o Senhor, ao se dirigir a Adão, ordenou-lhe proteger o jardim, o que nos leva a concluir que, mesmo antes de criar a mulher e instituir a família, o Criador definiu que um dos papéis do homem deveria ser o de protetor de sua casa, guardando-a de qualquer ameaça que porventura pudesse aparecer. Vale a pena ressaltar que a palavra "guardar", no texto original,[8] traz a ideia de observar, salvar, vigiar de perto, com o fim de que nenhuma ameaça entrasse no jardim, o que nos leva a entender que o Éden deveria ser um lugar de relacionamento entre Deus e homem, como também entre o homem, sua mulher e a criação, razão pela qual ele deveria mantê-lo em segurança, sempre livre de qualquer aemaça que violasse aquele espaço.

Agora, por favor, pare e pense comigo: que tipo de proteção o Senhor tinha em mente quando deu essa ordem a Adão? Quem mais havia no jardim? Ninguém, não é verdade? Nem mesmo Eva fora criada a essa altura, e o homem estava literalmente sozinho no Éden (Gn 2.7-15), o que nos leva ao entendimento de que Adão deveria proteger sua esposa de um possível ataque por parte daquele a quem a Bíblia chama "antiga serpente" (Ap 12.9). À luz dessa verdade, aliada ao ensino de Paulo, que nos mostra que o marido deve amar sua esposa da forma como Cristo amou a Igreja, dando sua vida por ela (Ef 5.25), chegamos à conclusão de que uma das responsabilidades do homem é cuidar de sua mulher, assim como quem cuida de si

---

8 *Portuguese Strong's Dicionary*: Oliver Tree Bible and Comment.

mesmo. Em outras palavras, a mulher precisa sentir-se salva, segura e protegida.

Outro dia, ouvi um grupo de mulheres conversando sobre a insegurança e o medo que têm de sair às ruas. Uma delas afirmou: "Dificilmente, meu marido me leva a algum lugar. Assim, quando termina o culto, eu preciso sair rapidamente, pois tenho medo de ser assaltada ou de sofrer algum tipo de violência".

Você já se deu conta do número de homens (muitos deles crentes) que não se preocupam com a segurança de suas mulheres e filhas? Pessoalmente, tenho visto alguns que, mesmo possuindo carro, são incapazes de levar suas esposas ao trabalho, à faculdade, à casa de um familiar ou até mesmo à igreja. O que falar, então, daqueles que poderiam, antes do amanhecer, levar suas esposas ao ponto do ônibus, mas não o fazem porque preferem continuar dormindo? Ou daqueles que ficam em casa à noite, vendo televisão, enquanto suas mulheres enfrentam as perigosas ruas da cidade? Lamentavelmente, muitos homens, em nome do egoísmo, têm falhado em seu papel de zelar pela vida de suas mulheres, deixando-as andar sozinhas pelas ruas da cidade, tratando, portanto, com indiferença, sua segurança. O fato é que os homens têm o dever de proteger as mulheres e zelar por elas, pois, além de ser uma orientação das Escrituras, trata-se de uma inequívoca prova de amor.

O pastor presbiteriano Ludgero Bonilha Morais[9] sintetiza bem a ideia de proteção masculina ao compartilhar um conselho que, ainda na juventude, recebeu de seu pai:

> Quando você sair com sua mãe, coloque-a no lado interno da calçada. Se você sair com sua irmã, coloque-a, igualmente, do lado interno da calçada. Quando você tiver sua primeira namorada, não se esqueça, coloque-a do lado interno da calçada. Se alguém tiver que morrer, que seja você. Você é o escudo de sua esposa. Portanto, a mulher, ainda que sangre naturalmente, o homem é quem foi chamado a sangrar socialmente. O homem foi chamado para suar, para prover o pão; a mulher não foi chamada para isso.

Em janeiro de 2016, a jornalista dinamarquesa Iben Thranholm[10] relatou, com pesar, que os homens europeus estavam deixando de cumprir o papel de proteger suas mulheres. Iben declarou que essa nova forma de agir dos homens seria consequência de décadas de defesa do feminismo por parte do Estado e dos movimentos sociais, o que contribuiu, de forma efetiva, para a desconstrução do papel masculino

---

9 Texto publicado no blog Renato Vargens. Disponível em http://renatovargens.blogspot.com.br/2017/12/homens-protejam-suas-mulheres.html. Acesso em 30 jan. 2019.

10 Vídeo Publicado no blog Renato Vargens. Disponível em http://renatovargens.blogspot.com.br/2016/01/jornalista-dinamarquesa-desabafa.html. Acesso em 30 jan. 2019.

tanto na família como na sociedade. Essa afirmação da jornalista deveu-se ao fato de os homens, em virtude da violência sexual sofrida por mulheres na Alemanha, resolverem protestar vestindo minissaias. Algo similar aconteceu nos Estados Unidos[11] e no Canadá, com homens calçando sapatos de salto alto, em protesto contra a violência sexual sofrida pelas mulheres. Ora, que absurdo! Quer dizer, então, que as mulheres são atacadas, sofrem violência sexual, e os homens as defendem vestindo minissaias e calçando sapatos de salto alto? Infelizmente, esse episódio aponta claramente para o fato de que o homem europeu se feminizou, deixando de lado atributos como virilidade, honra, força e coragem, os quais deveriam ser usados na proteção de suas mulheres e filhos.

Outro dia, conversando com um amigo americano, ele me disse que o comportamento masculino mudou de forma significativa nos Estados Unidos. Em nossa conversa, ele informou que, em sua juventude, se alguém entrasse na universidade e tentasse fazer mal ou atacar alguma mulher, os homens seriam os primeiros a defendê-las; hoje, disse meu amigo, os homens correm com medo.

Também entendo que proteger a mulher não é somente guardá-la da violência da cidade ou até mesmo do

---

11 Notícia publicada no jornal *O Globo*, 19 abr. 2012. Disponível em http://g1.globo.com/mundo/noticia/2012/04/ato-contra-abuso-sexual-de-mulheres-faz-homens-percorrerem-ruas-de-salto.html.

homem mau; vai muito além disso. O problema é que, quando se fala de proteção da mulher, muitos homens pensam somente na responsabilidade de protegê-la da brutalidade da rua ou de algum tipo de assédio que ela porventura possa receber de alguém mal-intencionado. Entretanto, proteger a mulher ultrapassa esse conceito. Na verdade, o dever do marido de proteger sua esposa e sua família começa pela responsabilidade de desempenhar, de forma correta, seu papel de sacerdote do lar, orando, intercedendo e cobrindo de oração seus familiares. Além disso, também compreendo que proteger a mulher inclui o papel de cuidar emocionalmente dela, trazendo sobre ela segurança afetiva e emocional. O problema é que muitos homens têm falhado nesse aspecto. Quantas, por exemplo, são as mulheres casadas com homens imaturos que se revelam incapazes de lhes trazer segurança afetiva nos tempos de crise? Muitas!

A questão é que essa geração de jovens tem sido conhecida por seus homens fracos, e não por homens fortes. O fato é que o mundo de nossos dias tem muitos machões e poucos machos. Homens mimados que, quando contrariados, ofendem-se com facilidade, comportando-se como garotos incapazes de dar segurança às suas mulheres. E, se não bastasse isso, os homens deste tempo têm sido egoístas, vivendo uma vida individualista, desprovida de afetividade, amor e companheirismo para com seu cônjuge. Um bom exemplo disso é a quantidade de homens que não oram por suas casas, que não se preocupam com os problemas vivenciados pela mulher, que não intercedem pelos filhos e que não atentam ao fortalecimento emocional de seus cônjuges.

Com base nessa premissa, é fácil chegar à conclusão de que um dos pecados mais comuns cometidos pelos maridos tem sido a omissão na oração e no cuidado emocional de suas esposas. Em verdade, muitos homens casados têm falhado em seu papel de protetores do lar. Nessa perspectiva, tem sido comum encontrarmos homens que não cuidam, não protegem e muito menos oram por suas casas. Se formos olhar para a vida devocional dos homens de nosso tempo, chegaremos à triste conclusão de que boa parte deles dedica poucos minutos à oração. Aliás, falar de homens de oração implica lembrar John Knox, um santo homem de Deus que dedicava horas de seu dia na presença do Senhor. A história diz que suas orações eram tão intensas que, quando sua esposa o chamava para comer, ele dizia: "Como posso comer com meu povo padecendo? Tenho que orar", e ele orava durante três horas diariamente, até se sentir cheio da graça de Deus. O que falar, então, de George Müller? Müller tornou-se conhecido como um homem de oração. Os relatos sobre sua vida e seu ministério dão conta de que ele passava horas a fio orando ao Senhor. Alguns chegam a dizer que ele teve mais de cinquenta mil orações atendidas pelo Deus Todo-poderoso. E quanto a Moisés? As Escrituras afirmam que o libertador de Israel tinha o hábito de armar uma tenda fora do arraial na qual pudesse falar com o Senhor (Êx 33.7-10).

Os homens foram chamados para cuidar de suas mulheres e protegê-las, e isso inclui cuidado emocional e espiritual. A Palavra de Deus não deixa dúvida de que o homem deve preocupar-se com sua esposa, entendendo que ela é a parte mais frágil da relação. O apóstolo Pedro afirmou, em sua primeira carta, que os maridos precisam ser sábios no convívio com suas mulheres, tratando-as com honra, como a parte mais delicada e coerdeira do dom da graça da vida, de modo que suas orações não sejam interrompidas (1Pe 3.7).

b) Ser homem, segundo a Bíblia, é assumir a responsabilidade de liderar a esposa e os filhos nos caminhos do Senhor

Nosso tempo tem sido marcado por uma significativa omissão masculina. Lamentavelmente, tornou-se comum encontrar, nos lares cristãos, homens desprovidos de iniciativa e liderança. Mas Deus, em sua soberania, determinou que a condução dos rumos da família deveria ser um dos papéis do marido (Ef 5.23; 1Co 11.9). No entanto, em virtude do feminismo, da inversão de papéis imposta pela sociedade pós-moderna, além, é claro, de uma visão distorcida acerca do significado da masculinidade, os homens de nossas igrejas abandonaram suas funções, terceirizando suas responsabilidades como pais e maridos, o que se percebe nitidamente na devocionalidade familiar. Vejamos:

i) Maridos que entregam a responsabilidade pela educação e a disciplina dos filhos às suas esposas.

ii) Maridos que deixam na mão de suas esposas a tarefa de ensinar aos filhos os preceitos do Senhor. Nessa perspectiva, eles não conduzem os cultos domésticos, não tomam a iniciativa de levar a família à igreja, não oram, muito menos leem a Palavra de Deus com seus filhos pequenos.

iii) Maridos que permitem que suas esposas decidam os rumos da família, tornando-se, assim, subservientes às decisões de suas mulheres.

iv) Maridos que são omissos na igreja, permitindo que suas mulheres liderem "na" e "a" congregação, tornando-se tão somente apoiadores, e não condutores da família e da comunidade da fé.

Vale a pena ressaltar que a liderança espiritual de um homem em sua casa e na família não deve ser produto de uma estrutura "coronelesca" e ditatorial, mas, sim, de influência amorosa, firme e confiável. A questão é que, equivocadamente, alguns homens têm interpretado o conceito bíblico de que o homem é o cabeça do lar (Ef 5.23) como alguém com legitimidade e autoridade inquestionáveis sobre sua mulher, o que, segundo a Palavra de Deus, é um erro grosseiro. Já ouvi, inclusive, homens dizendo que a submissão feminina é obrigatória em todas as circunstâncias e que ele, por ser cabeça do lar, tem, por exemplo, direito a sexo a qualquer momento, mesmo que a esposa não queira, considerando legítimo constrange-la à prática do ato sexual. Isso é um absurdo e uma afronta veemente às Escrituras Sagradas. Submissão não é isso, nunca foi e jamais será. Aliás, afirmo, sem a menor sombra de dúvida, que, do ponto de vista da Palavra de Deus, homens que agem assim não entenderam o ensino bíblico sobre liderança familiar, necessitando urgentemente rever seus conceitos.

A Palavra do Senhor é clara em ensinar que o homem tem de estar pronto e apto a liderar sua esposa e filhos de um modo que honre a Deus, glorificando, assim, seu santo nome. Deus colocou o homem como o cabeça do lar, e a mulher, como sua auxiliadora (Gn 2.18), e não como seu "capacho". Aliás, o propósito de Deus revelado pelas Escrituras é que a mulher seja tratada com dignidade. Ninguém valorizou mais a mulher que Jesus. Ao encontrar a mulher pecadora, ele demonstrou compaixão e misericórdia (Jo 20.15). Ao encontrar a viúva de Naim, ele sofreu sua dor (Lc 7.11-17). Ao conhecer a mulher samaritana, concedeu-lhe dignidade, perdão e vida (Jo 4.5-29). Ao lidar com Marta e Maria, viu nelas amigas e discípulas (Lc 10.38-42). Ao conhecer a mulher adúltera (Jo 8.1-11), concedeu-lhe perdão. Ao se relacionar com sua mãe, ele cuidava dela e a protegia (Jo 19.26-28). Ao ressuscitar dentre os mortos, foi às mulheres que, inicialmente, ele apareceu (Jo 20.11-14).

Como já afirmei inúmeras vezes, o século XXI tem sido marcado por uma séria crise na família e, por conseguinte, na liderança familiar. Em verdade, afirmo, com toda a certeza, que a família pós-moderna clama por liderança masculina. Há uma necessidade premente de homens que abracem o papel e a responsabilidade que Deus lhes confiou. Contudo, muitos homens cristãos, por desconhecerem o padrão bíblico de liderança no lar, têm tentado conduzir suas famílias de forma equivocada, comportando-se como ditadores cruéis, de modo que abalam emocionalmente suas esposas e seus filhos, colocando-os, portanto, debaixo de uma liderança opressora, pérfida e desprovida de afeição. Aliás, do ponto de vista da Bíblia, a liderança do homem deve basear-se em amor, e não em imposição tirânica e arbitrária.

Isso me faz lembrar de um clássico do cinema mundial, o aclamado filme[12] *A Noviça Rebelde*. O roteiro conta a história de Maria, uma noviça que não consegue seguir as rígidas regras do convento em que vive, por se sentir livre e amar as montanhas. Em meados da

---

12 *A Noviça Rebelde*, 1965 – 20th Century Fox.

década de 1930, pouco antes de o nazismo aterrorizar o mundo, ela vai trabalhar na casa do capitão Von Trapp, um pai de sete filhos que, de forma rígida e quase insensível, educa-os sob forte disciplina. O fato é que, embora os homens precisem tratar sua família com firmeza e, ao mesmo tempo, com doçura, a maioria não conhece a linha que separa severidade e misericórdia. Além disso, muitos homens, em nome do medo, têm rejeitado sua vocação natural, seu legado de cabeça do lar, transferindo a responsabilidade de liderar a família às suas esposas, sobrecarregando-as demasiadamente.

Na primeira Epístola de Paulo aos Coríntios, em 11.3, lemos que o homem deve ser o cabeça da mulher e, em Efésios 5.22-23, essa verdade é confirmada. O homem é chamado para ser o líder, para orientar, proteger e estar à frente de sua família. Deus concedeu-lhe esse mandato, portanto é preciso que entendamos que essa é uma responsabilidade que não pode ser negligenciada. Um homem dominador cujo perfil é demasiadamente duro jamais conseguirá liderar sua família de forma saudável e equilibrada. Será um peso morto para seu lar e estará construindo uma família fraca, um lar atrofiado e, consequentemente, cristãos fracos e tímidos na igreja do Senhor.

À luz das Escrituras, não há como negar que os homens devem ser os líderes espirituais de suas famílias e que devem esmerar-se para cumprir a missão que Deus lhes deu com afinco e graça, qual seja, liderar sua esposa e filhos no temor do Senhor.

c) Ser homem, segundo a Bíblia, é entender a responsabilidade de ser o provedor e sustentador de sua família

As Escrituras nos ensinam que um dos papéis do homem é o de provedor do lar e da família. Paulo, ao escrever aos efésios, afirmou que os maridos devem amar suas esposas como ao próprio corpo. Quem ama a esposa ama a si mesmo, pois ninguém jamais odiou a própria carne; antes, alimenta-a e cuida dela, como também Cristo faz com a igreja; porque somos membros do seu corpo (Ef 5.28-30).

Especificamente nessa passagem, Paulo ensina que, assim como Cristo cuida de sua igreja, alimenta-a e sustenta-a, o marido tem a responsabilidade de prover à sua esposa o sustento necessário. Em outras palavras, o ensino paulino afirma que um dos papéis do homem é trazer ao lar provisão e sustento, o que nos leva ao entendimento de que, ao criá-lo, Deus lhe concedeu tanto o atributo como a responsabilidade de ser o provedor de sua casa. Entretanto, a visão deste mundo relativista não tem sido essa. Em verdade, o feminismo tem imposto o conceito de que os tempos mudaram e que o homem não é mais responsável do que a mulher por prover as necessidades financeiras da família. Além disso, o movimento feminista tem ensinado que a ideia de provisão masculina, além de machista, ofende a dignidade da mulher. E, claramente, não se trata disso. Deus criou homem e mulher iguais, porém com funções diferentes. Ao homem, foi dado o papel de cuidar, proteger e, obviamente, trazer para sua mulher a provisão de suas necessidades. Vale a pena ressaltar que foi Adão quem ouviu do Senhor que, do suor do rosto, ele comeria o pão, e não sua mulher (Gn 3.19).

À luz dessa premissa, talvez você esteja indagando: "Então, é errado a mulher trabalhar?". Creio que não. Desde que o casal chegue a um bom senso, e que isso não fira os princípios bíblicos quanto ao cuidado da família. Contudo, o que não dá para negociar é o fato de que o homem é quem deve ser o provedor do lar e da família (Sl 128.1-3). A mulher deve ser uma auxiliadora, até porque a responsabilidade de sustentar a casa é masculina. Esse, inclusive, não é um pensamento machista, mas bíblico. Por séculos a fio, nosso Deus tem trazido alimento e sustento para sua igreja. Podemos afirmar que a noiva de Cristo está viva e assim seguirá até as bodas do Cordeiro, simplesmente porque conta com um cabeça responsável e poderoso que ama, lidera, cuida e provê. Contudo, o movimento feminista, que rejeita o ensinamento bíblico de que o homem deve ser o principal sustentador de seu lar, tem contribuído para que os homens estejam paulatinamente perdendo esse entendimento.

Outro dia, eu soube de um marido cristão cuja esposa estava doente e que, por essa razão, precisava tomar antibióticos. Sem dinheiro, a moça falou do problema com seu esposo, recebendo a resposta de que ela poderia tomar um empréstimo para comprar o remédio. Ora, como assim? Não deveria ser responsabilidade do marido cuidar da saúde de sua esposa? Ele não deveria cumprir cabalmente o que as Escrituras ensinam quanto a suprir as necessidades de sua mulher? Entendo que sim, mas o fato em si nos mostra, de forma drástica, que, de certa forma, o feminismo tem logrado êxito em sua missão de descontruir na sociedade o papel de provedor do homem. Em verdade, podemos afirmar que o movimento feminista tem trabalhado arduamente para alterar a estrutura social e institucional das relações familiares, invertendo papéis, relativizando o conceito de masculinidade e promovendo uma nova agenda social, cujo protagonista são, efetivamente, as mulheres.

Para agravar essa situação, tornou-se comum encontrarmos homens preguiçosos, que não gostam de trabalhar e que vivem na condição de dependentes financeiros de suas esposas. Quantos de nós, por exemplo, não conhecemos homens acomodados? Quantos não são aqueles que vivem desvinculados de compromisso, à custa de suas mulheres? Muitos... Pois é, contrapondo-se a essa geração de preguiçosos, as Escrituras nos mostram que a verdadeira masculinidade relaciona o homem a trabalho. Paulo, ao escrever aos tessalonicenses, ensina que os cristãos devem, por seus próprios esforços, suprir suas necessidades, sem que haja intervenção de outra pessoa (1Ts 4.10-12). Em outras palavras, também podemos afirmar que um homem, quando casa, não deve depender de ninguém para sustentar sua família; pelo contrário, deve promover seu próprio sustento, mediante o trabalho de suas mãos. Aliás, em Gênesis 2.24, o Senhor diz que o homem deveria deixar pai e mãe, e unir-se à sua mulher, o que nos traz o nítido entendimento de que isso implica independência financeira. Os homens precisam amadurecer, crescer, trabalhar e sustentar seus lares, portanto não existe base bíblica que justifique o casamento sem independência financeira dos pais.

Outro ponto interessante que pode e precisa ser abordado é a afirmação de Paulo no sentido de que, se alguém não tem cuidado dos seus, especialmente daqueles da própria casa, é porque tem negado a fé e é pior do que o descrente (1Tm 5.8). Em verdade, quando o apóstolo dos gentios fala de cuidado, o contexto é justamente o cuidado material. Qualquer pessoa tem a obrigação de cuidar de seus familiares, mas a posição do homem como provedor o coloca numa condição de maior responsabilidade. As Escrituras são claras em afirmar que Deus projetou o homem para ser o provedor e o protetor — o homem foi emocional e fisicamente estruturado para isso. Ao tirar o homem desse papel, a família corre risco e a sociedade também.

d) Ser homem, segundo a Bíblia, é usar de virilidade e coragem quando necessário

A Bíblia relata que Davi foi um homem segundo o coração de Deus (At 13.22) e que reunia virtudes fantásticas, inclusive a coragem. Um exemplo claro disso é que, ao perceber que o exército de Israel estava sendo humilhado pelos filisteus, num ato de intrepidez, resolveu enfrentar o gigante Golias (1Sm 17.11-46). Essa ação corajosa de Davi aponta, eminentemente, para uma virtude que caracteriza a personalidade masculina. Contudo, num mundo cujo foco tem sido a "feminização" da cultura, percebemos nitidamente, por parte dos adeptos do feminismo, certo desestímulo a atos de coragem.

O que falar, então, de homens que, ao verem uma barata, gritam desesperadamente com medo do inseto? Sou de um tempo em que os homens enfrentariam o bicho matando-o com uma boa chinelada, em vez de subirem em uma mesa, gritando de pavor e medo. Outro dia, vi um homem gritando com medo de uma rã.

Ora, medo de rã? Alguma coisa está errada, não é mesmo? Ao contrário do que essa geração tem ensinado, os homens precisam ser corajosos, fortes e destemidos.

As Escrituras dizem que, logo após a morte de Moisés, o Senhor chamou Josué, dizendo-lhe que ele deveria ser forte e corajoso (Js 1.9), pois, afinal de contas, ao atravessar o rio Jordão, ele teria de liderar Israel em batalhas difíceis. O mesmo Josué, ao regressar da missão de observar a terra da promessa, juntamente com outros onze espias, contrapôs-se ao medo e ao pessimismo que tomaram conta de dez deles e, juntamente com Calebe, com grande coragem, disse: "Subamos e possuamos a terra, porque certamente prevaleceremos contra ela" (Nm 13.30).

Sansão, que foi um dos juízes de Israel, inegavelmente foi um homem de coragem. Não foram poucas as vezes que ele, destemidamente, enfrentou os inimigos de seu povo (Jz 13–17). O que falar, então, de Elias, o profeta, que, corajosamente, encarou os quatrocentos profetas de Baal? (1Rs 18.1-40). Lembremo-nos também de Daniel, Hananias, Misael e Azarias, que, mesmo em risco de morte, não negaram sua fé em Deus. O primeiro enfrentou uma cova cheia de leões famintos; os outros foram jogados em uma enorme fornalha (Dn 6.1-28; Dn 3.1-30). Homens de coragem!

Quando pensamos nos missionários que vieram ao Brasil para pregar o evangelho, ficamos encantados com sua bravura. Veja, por exemplo, os calvinistas franceses[13] que, em 1557, chegaram à baía da Guanabara, no Rio de Janeiro. Os relatos históricos contam que, depois de uma série de atritos com Villegagnon, os protestantes foram expulsos. A expulsão os colocou em contato direto com os índios tupinambás, a quem procuraram evangelizar, sendo esse evento o primeiro contato missionário protestante com um povo não europeu. Contudo, ainda assim, resolveram retornar à França, mas, logo no início da viagem, o barco ameaçou naufragar e cinco deles ofereceram-se para voltar à terra. Assim que pisaram em solo brasileiro, foram aprisionados por Villegagnon, que lhes apresentou uma série de questões teológicas e exigiu uma resposta por escrito no prazo de doze horas. Esses homens redigiram um documento notável, conhecido como *Confissão de Fé da Guanabara*, que acabou por custar suas vidas.

Lembremo-nos de Ashbel Green Simonton[14] (1833–1867), que, corajosamente, saiu de seu país, vindo para o Brasil pregar o evangelho. Simonton plantou a Igreja Presbiteriana do Rio de Janeiro, organizou o Presbitério do Rio de Janeiro (1865) e fundou o Seminário Primitivo (1867).

---

13 MATOS, Alderi de Souza. "Breve história do protestantismo do Brasil". Disponível em www.faifa.edu.br.

14 Entrevistas com Ashbel Green Simonton e Elben M. Lenz Cesar (revista *Ultimato*).

Ainda temos Robert Kalley[15] (1809–1888), missionário congregacional que, depois de um longo trabalho na ilha da Madeira, chegou ao Brasil, estabelecendo, em Petrópolis, a Primeira Escola Dominical para Crianças (1858), além de plantar, na cidade do Rio de Janeiro, a Igreja Evangélica Fluminense (1863).

Todos esses foram homens corajosos, que saíram de suas nações, deixaram suas famílias, navegaram por mares, superaram obstáculos e até enfrentaram a morte, tudo por amor ao evangelho.

Agora, é claro que, ao afirmar que esses homens foram indivíduos de coragem, não estou defendendo que eles tenham sido super-heróis imbatíveis. Em verdade, esses mesmos homens que a Bíblia e a história retratam como corajosos, em inúmeras situações de suas vidas, sentiram medo. E digo mais: um homem de coragem é alguém que supera e vence seus medos. Jesus, por exemplo, nunca pretendeu que seus seguidores temessem o presente e o futuro, mas sabia que eles, em sua caminhada e em seu ministério, teriam de lidar com o medo. Em verdade, nosso Senhor sempre incentivou seus discípulos a seguir corajosamente por todo o mundo pregando o evangelho, na certeza de que ele estaria presente em todas as circunstâncias e adversidades (Mt 28.18-20). Entretanto, apesar disso e dos exemplos bíblicos, o que

---

15 GOMES, Joelson. *Os congregacionais, uma história da tradição congregacional.* São Paulo: Aliança, 2017.

temos visto nos dias de hoje é um número significativo de homens com medo de enfrentar a vida, o trabalho, o ministério, bem como as lutas relacionadas ao cotidiano. As consequências disso têm sido o surgimento de homens acomodados, indispostos a enfrentar o desconhecido, frágeis, que não ousam casar-se, construir famílias, cuidar da esposa, educar filhos e muito mais.

Os homens precisam abandonar o marasmo, o comodismo, adquirindo coragem, encarando de frente os desafios, saindo da zona do comodismo, empreendendo quando necessário, superando obstáculos, vencendo inimigos e progredindo para a glória de Deus.

e) Ser homem, segundo a Bíblia, é assumir a responsabilidade de liderar e guiar a sociedade, cuidando dela, bem como preservar seus valores

As Escrituras ensinam que quando Deus criou o homem, estabeleceu uma aliança com ele, determinando três mandatos à humanidade: o mandato espiritual (seu relacionamento com o Criador), o mandato social (seu relacionamento em família) e o mandato cultural (seu relacionamento com a sociedade).

O mandato cultural envolve o governo do homem sobre o mundo criado. O homem foi chamado a desenvolver e manter tudo aquilo que foi criado de forma perfeita por Deus. Deus colocou a humanidade em um relacionamento singular com a criação, dando ao homem autoridade para dominá-la e sujeitá-la (Gn 1.28), guardá-la e cultivá-la (Gn 2.17). Assim, o mandato cultural estabelecido por Deus no pacto da criação nos leva ao entendimento de que o trabalho e o envolvimento do cristão em áreas como educação, artes, lazer, política e outras faziam parte do plano original e da missão dada por Deus ao homem, de governar e reger a terra. Contudo, o homem desobedeceu ao seu Criador, violou suas ordens e orientações, maculou seus elos familiares e desenvolveu o mandato cultural da pior forma possível.

A queda e o pecado de Adão trouxeram o caos não somente ao homem, que foi destituído da glória de Deus, mas também à sociedade e, por conseguinte, à cultura. O efeito disto é que o mundo, em todos os seus aspectos, sofreu as consequências do pecado original, atingindo um estado de deterioração. Basta olharmos para as mais diversas estruturas sociais e, nitidamente, perceberemos as marcas de um mundo caído. De fato, o homem é mau, perverso, e o mundo no qual ele vive, tão nefário quanto seus habitantes.

Na redenção que Deus oferece ao homem, um dos papéis do homem regenerado e salvo por Cristo é cuidar, guiar, influenciar e preservar a sociedade na qual todos nós estamos inseridos, além de introjetar, num mundo absorto em iniquidade e relativismo, uma cosmovisão cristã, visando, com isso, ao bem-estar da família e da sociedade, para a glória de Deus. Um bom exemplo disso foi o notável William Wilbeforce.

Wilberforce nasceu numa família nobre da Inglaterra, na cidade portuária de Hull, em Yorkshire, em 24 de agosto de 1759.[16] Extremamente capaz e inteligente, estudou na Universidade de Cambridge, onde decidiu dedicar-se à carreira política, tendo sido eleito representante de seu povoado aos 21 anos.[17] Aos 24 anos, ainda muito jovem, Wilberforce foi eleito representante de Yorkshire, o maior e mais importante condado da Inglaterra, chegando a Londres cheio de popularidade.[18] Em 1784, partiu em uma viagem a Nice, na França, levando consigo alguns familiares e seu antigo professor do ensino fundamental. Na bagagem de seu antigo mestre, Wilberforce viu um exemplar do livro de Philip Doddridge — mais conhecido por ter escrito o famoso hino "Oh! Happy Day" (O Dia Feliz) — *The Rise and Progress of Religion in the Soul* [O começo e o progresso da religião na alma]. Na ocasião, Wilbeforce, curioso com o conteúdo do livro, perguntou ao amigo professor o que era aquilo e recebeu a seguinte resposta: "Um dos melhores livros já escritos". A história diz que a leitura desse livro e das Escrituras, acompanhada de conversas com o amigo,

---

16 PIPER, John. *Maravilhosa graça na vida de William Wilberforce*. Niterói: Tempo de Colheita, 2009.

17 VALENTE, Pedro Paulo. "William Wilberforce: um modelo de vida pública", revista Ultimato, 1º ago. 2017.

18 Filme *Jornada pela Liberdade: a vida de William Wilberforce*, setembro de 2006.

levou esse jovem político à conversão, de modo que ele passou a dedicar sua vida ao Senhor, que o salvara. Ao retornar à capital inglesa, Wilbeforce, impactado pelo poder de Cristo, passou a considerar a possibilidade de se tornar ministro do evangelho, mas, influenciado pelo grande John Newton, pastor, musicista e ex-traficante de escravos, permaneceu na política. Na ocasião, Wilberforce concluiu que Newton estava certo e que Deus o chamara para defender a liberdade dos negros que eram comercializados, de forma brutal, pelas naus inglesas. Wilberfoce prosseguiu lutando pela completa proibição da escravidão no império britânico. Em 1826, em virtude de ter sua saúde debilitada, renunciou ao parlamento britânico. Em 1833, três dias após a aprovação do Ato de Abolição da Escravidão, Wilberforce faleceu, e seu corpo foi enterrado na Abadia de Westminster.

A verdade é que, apesar da queda de Adão, o Senhor continuou a levantar homens que foram regenerados, salvos por Cristo, a fim de se contrapor ao estado de putrefação de uma sociedade caída e distante de Deus — Wilberforce é a prova disso. O que falar, então, de Abraham Kuyper, o ex-primeiro ministro holandês?

Abraham Kuyper nasceu na Holanda, em 1837. Estudou na Universidade de Leiden, onde recebeu seu grau de doutor em Teologia em 1862. Esse cristão notável foi eleito membro da Casa Baixa do Parlamento, fundou a Universidade Livre de Amsterdã

— a qual tomava a Bíblia como a base incondicional sobre a qual deveria erguer-se toda a estrutura do conhecimento humano em cada departamento da vida —, foi primeiro-ministro da Holanda e ministro de Estado em Haya.

Veja, por exemplo, Louis Pasteur, considerado o maior biólogo de todos os tempos, que era um cristão fervoroso. Isso sem falar de George Washington, primeiro presidente dos Estados Unidos, que conduziu a América com justiça, equidade e brilhantismo, ou do filósofo e matemático Pascal, que dizia que "Jesus Cristo é a única prova do Deus vivo". Isaac Newton, o cientista extraordinário que, por temer a Deus, estudava a Bíblia diariamente. Também Henry Dunant, criador da Cruz Vermelha e ganhador do primeiro prêmio Nobel da Paz, foi um evangélico fiel. E Sebastian Bach, o pai da música moderna, um cristão totalmente devoto, além de tantos outros mais.

Todos esses homens influenciaram sua época e cumpriram a ordem de influenciar o mundo. Foi o Senhor Jesus quem disse que devemos ser o sal da terra e a luz do mundo (Mt 5.13-14). Ademais, as Escrituras deixam bem claro que o cristão, apesar de não ser do mundo, está no mundo (Jo 17.11, 16), e que, enquanto estamos aqui, somos chamados a influenciar toda a sociedade. A questão é que, por desconhecermos as ordens divinas de dar sabor a essa terra, em vez de influenciar, somos influenciados pelo mundo, desobedecendo ao mandato cultural.

Talvez, ao ler estas páginas, você esteja dizendo para si mesmo: "Ah! Mas esses caras eram diferentes, não dá para me comparar a eles, até porque eu não passo de um simples homem". Ledo engano! A ordem de influenciar o mundo, de ser o sal da terra e de cumprir o mandato cultural não foi dada a algumas pessoas especiais. Antes, todos os homens regenerados pelo Espírito de Deus, salvos por Cristo, precisam cumprir essa ordem divina, influenciando o trabalho, a educação, as artes, o lazer, a tecnologia, a saúde e a política. Desse modo, eu pergunto: E você? De que forma tem-se relacionado com o mundo em que vivemos? Será que, como homem, você tem conseguido dar sabor a essa sociedade insípida? Ou será que você tem sido facilmente influenciado pelos valores de um mundo absorto em pecado e relativismo?

Homens regenerados, salvos por Cristo, são chamados a influenciar a sociedade nas artes, na educação, na política e nos esportes, trazendo para a humanidade os valores do reino de Deus, contrapondo-se, assim, a tudo aquilo que afronta a glória e a santidade de Deus.

f) Ser homem, segundo a Bíblia, é ser fiel à sua mulher

A Bíblia é extremamente clara ao afirmar que o casamento deve ser heterossexual, contraído por um casal capaz de se sustentar e monogâmico, o que implica, obviamente, fidelidade conjugal (Gn 2.24; Ef 5.31). Contudo, em virtude da queda e da desobediência de nossos pais, os homens desviaram-se dessa ordem de Deus, passando, portanto, a viver uma vida desprovida de fidelidade para com sua mulher.

O casamento foi criado por Deus para ser desfrutado por duas pessoas cujo compromisso é a inteira exclusividade. No casamento, os noivos prometem fidelidade recíproca, assumindo uma aliança que jamais deve ser quebrada. A infidelidade no casamento é um comportamento que Deus abomina (Ml 2.16), pois, ninguém tem o direito de separar a quem Deus uniu (Mt 19.6). Mas para nossa sociedade parece que a fidelidade conjugal tem sido considerada ultrapassada e *démodé*. Para a nossa tristeza, as relações sexuais fora do casamento tornaram-se extremamente comuns, inclusive entre os cristãos, que resolveram dar à Palavra de Deus uma interpretação diferente da verdade. Um exemplo disso é quando vemos pastores ensinando que o casamento deve durar enquanto houver amor e que, se esse amor findar ou se diminuir a paixão, o homem é livre para abandonar a mulher e casar-se com outra, até porque o que importa é ser feliz.

Um homem aparentemente piedoso dirigiu-se a mim e disse: "Pastor, a Bíblia não afirma que aqueles a quem Deus juntou não separe o homem? Pois é", continuou ele, "meu casamento não foi Deus quem juntou, por isso eu posso me divorciar e me casar de novo, entendeu?". É claro que, ao ouvir essa aberração teológica, eu discordei, mas o pensamento desse homem é a síntese de uma sociedade relativista que rejeita a fidelidade, preferindo abandonar na esquina do esquecimento ou até mesmo jogar na lata do lixo a aliança feita com sua mulher.

O Bureau de Pesquisa e Estatística Cristã (Bepec)[19] fez uma pesquisa sobre sexo que aponta números extremamente preocupantes. A pesquisa "O Crente e o Sexo" revelou que, entre os evangélicos pesquisados, 11,96% das mulheres declararam já haver traído seus cônjuges, enquanto, no caso dos homens, a porcentagem foi de 24,68%. A pesquisa mostrou ainda que, entre as diferentes denominações, a maior porcentagem dos que já traíram pertencia ao grupo dos neopentecostais (26,51%), seguido pelos batistas (22,47%), pentecostais (21,43%) e, por último, pelos reformados (19,41%). Esses números, certamente, são alarmantes. Confesso que fiquei impressionado com a quantidade de cristãos que afirmam já haver praticado o adultério. Acredito que, possivelmente, o número de irmãos que já cometeram esse pecado talvez seja bem maior do que o relatado pela pesquisa, até porque, por receio, alguns entrevistados talvez tenham deixado de admitir suas traições.

---

19 Disponível em http://bepec.com.br/pesquisa.html.

A Bíblia condena claramente a infidelidade conjugal e o adultério: "Não cometerás adultério, diz a lei de Moisés" (Êx 20.14). Hebreus afirma que o casamento deve ser honrado por todos; o leito conjugal, conservado puro; pois Deus julgará os imorais e os adúlteros (Hb 13.4) O escritor do livro de Provérbios afirma que o homem que comete adultério não tem juízo e que a si mesmo destrói, experimentando sofrimento, ferimentos e vergonha (Pv 6.32-35). Já o nosso Senhor ensinou que qualquer que olhar para uma mulher e desejá-la já terá cometido adultério com ela em seu coração (Mt 5.28).

Contrapondo-se ao comportamento relativista deste mundo, a Bíblia nos ensina que os homens devem amar suas esposas e que devem fazê-lo assim como Cristo amou a Igreja (Ef 5.25). Digo mais: um esposo fiel é um seguidor fiel de Cristo. Acima de tudo, um esposo fiel tem em Cristo seu modelo de amor e fidelidade. Ele tem a clara compreensão de que Jesus o ama não porque ele seja impecável e merecedor do amor divino, mas simplesmente porque escolheu amá-lo. O coração de um marido fiel é envolvido pela graça de Cristo, e ele ama porque Cristo o amou primeiro. Ele lida com sua esposa tendo Cristo como parâmetro e modelo, amando-a com exclusividade e fidelidade, não permitindo em sua vida, portanto, nenhuma outra mulher a não ser sua esposa.

Fidelidade é um atributo de Cristo e também deve ser um atributo masculino. Assim como Cristo não possui outra noiva além de sua Igreja, um homem não deve ter outras mulheres que não seja sua esposa.

Por exemplo, Paulo, ao escrever ao jovem Timóteo, o instrui dizendo que aquele que aspira ao episcopado deve ser esposo de uma só mulher (1Tm 3.1-2). Paulo está dizendo que o ministro do evangelho deve ter uma esposa somente, o que se contrapõe àqueles que já casaram duas, três ou mais vezes. Aliás, quando olhamos para o Novo Testamento, vemos claramente o ensino de que o homem deve ter uma só esposa e ser fiel a ela. Desse modo, indago: os homens que largaram suas esposas em nome de outro amor não estão criando uma versão moderna da velha e repulsiva poligamia? A resposta é sim, até porque, ainda que digam que não; para muitos, o casamento não é — nem nunca foi — uma instituição divina, razão pela qual, para essas pessoas, pode e deve ser dissolvido sem o menor problema, necessitando somente do esfriamento do amor. O fato é que, em nome de uma espiritualidade liberal e de uma fé cínica, os mestres da dissensão familiar estabeleceram doutrinas espúrias, segundo as quais os vínculos maritais podem ser desfeitos.

Outro dia ouvi dois ensinos diabólicos que compartilho a seguir:

Um rapaz afirmou em público e de forma contundente que, biblicamente, tinha respaldo para se divorciar de sua esposa, pois Deus não havia aprovado seu casamento. Segundo ele, seu matrimônio fora um grande equívoco. Segundo sua perspectiva, ele desobedecera a Deus ao se casar com a mulher errada e, agora, Deus lhe havia revelado a mulher certa.

Outro jovem, pai de dois filhos, também fundamentado em falsas premissas, abandonou o caminho das Escrituras, optando pelo divórcio simplesmente por ter descoberto um novo caminho segundo o qual o que vale é amar. Divorciou-se, autoproclamou-se casado com outra mulher, além de dizer aos quatro ventos que o compromisso de Deus é com a felicidade, e não com a família.

Caro leitor, infelizmente não são poucos aqueles que se têm deixado levar por falsas doutrinas. Ao contrário do que alguns afirmam, o casamento é indissolúvel. Nessa perspectiva, afirmo que são completamente antibíblicas as afirmações de que a ausência de amor, a falta de paixão ou até mesmo a incompatibilidade de gênios seriam motivos suficientes para o término do casamento.

Os homens de nossa época precisam urgentemente regressar ao caminho da fidelidade revelado pela inerrante Palavra de Deus, abandonando, no tempo e no espaço, os desvios comportamentais, até porque, somente regressando às Escrituras e fazendo delas a única e exclusiva regra de fé, comportamento e prática, é possível contrapor-se aos conceitos de uma cosmovisão desprovida das verdades reveladas por Deus em sua Palavra.

g) Ser homem, segundo a Bíblia, significa assumir uma posição de sacrifício

A ideia de sacrifício parece ser um contrasenso em nossa sociedade. Mas, a fim de trazermos luz a uma sociedade absorta em escuridão, é importante olharmos para as Escrituras, extraindo dela ensinos quanto ao que, de fato, significa ser homem. E o modelo perfeito para isso é o nosso Senhor e Salvador Jesus Cristo.

Jesus é 100% Deus e 100% homem. Ele é o modelo perfeito de ser humano, ele nunca pecou, nem ofendeu a seu Pai, cometendo algum tipo de transgressão. Em sua caminhada nesta terra, durante todo o tempo, Cristo revelou-se um modelo perfeito de hombridade. Ele é o homem perfeito que nos convida a nos tornar seus discípulos e a segui-lo. Ele é o modelo de homem que trabalha (Jo 5.17); de homem corajoso que enfrenta as mentiras daqueles que negam a verdade, enganando os pequeninos de Israel (Mt 23.13-38); de homem amoroso, que ama e, ao mesmo tempo, se compadece daqueles que o ofenderam (Lc 23.34); de líder fiel, que lidera seus discípulos com lealdade, servindo a eles com abnegação (Jo 13.1-5); de homem que cuida de sua noiva, dando-lhe o sustento mediante sua providência (Ef 5.21); de homem protetor que protege sua amada das investidas por parte do adversário de nossas almas (Jo 10.27-28; Lc 22.32); de homem que, por amor, sacrificou-se por sua noiva (Ef 5.21).

O sacrifício de Cristo por sua igreja é um belo modelo de masculinidade. Os homens precisam estar dispostos a se sacrificar por suas mulheres e por seus filhos. A questão é que vivemos numa época em que a sociedade, de modo geral, é muito individualista, tornando-se sem sentido sofrer ou padecer por alguém. Cristo nos deu um exemplo bem diferente disso. Ao morrer na cruz do calvário, ele se colocou como parâmetro e modelo para uma sociedade que desaprendeu o valor e a importância do sacrifício.

Outro dia, soube de um marido que disse que não iria levantar cedo para levar a esposa ao médico porque o trânsito estava complicadíssimo. A esposa precisava fazer um exame complexo, mas o dito-cujo afirmou que não estava disposto a sacrificar suas horas de sono no trânsito por ela. Como assim? Por acaso não deveria ser esse um dos papéis do homem, cuidar e se sacrificar por sua esposa?

Há pouco li, num jornal do Rio de Janeiro, a história de uma mulher cujo marido morreu num acidente de carro. Ela contou que o esposo, ao perder o controle do veículo, preferiu que o automóvel, ao bater em uma árvore, colidisse do seu lado, para que a esposa não sofresse maiores consequências. Esse homem preferiu a morte a ver sua esposa ferida ou morta. Contudo, diferentemente disso, nossos dias têm sido marcados por homens maus e pérfidos, que, em vez de proteger e se sacrificar por suas mulheres, violentam-nas física e moralmente. Aliás, a violência doméstica tem sido um grave problema em nossa sociedade; basta olharmos as reportagens televisivas e os jornais para percebemos claramente o descalabro cometido pelos homens que maltratam ou até mesmo matam suas mulheres.

Infelizmente, a violência doméstica é uma triste realidade no Brasil, e uma pesquisa recente revelou uma informação ainda mais alarmante: 40% das mulheres que se declaram vítimas de agressão física ou verbal por parte de seus maridos são evangélicas. A descoberta é resultado de uma pesquisa da Universidade Presbiteriana Mackenzie, a partir de relatos colhidos por organizações não governamentais que trabalham no apoio às vítimas desse tipo de violência.[20]

A brutalidade masculina contra a mulher e a violência sexual afrontam a santidade de Deus. Maridos que espancam suas esposas precisam ser denunciados e presos. E digo mais: pastores e líderes evangélicos que encobertam casos tais também precisam ser denunciados,

---

20 Diário online. Disponível em https://www.diarioonline.com.br/noticias/brasil/noticia-492011-violencia-domestica-atinge-40-porcento-das-mulheres-evangelicas.html.

levando sobre si as penas da lei e respondendo judicialmente pelo acobertamento de crimes contra a mulher.

Concluo dizendo que as Escrituras não deixam dúvida quanto ao papel do homem em amar sua esposa, da mesma forma que Cristo amou a Igreja e se entregou por ela. O que, em outras palavras, significa dizer que o marido deve estar pronto para dedicar sua vida ao bem-estar de sua mulher, sacrificando-se em prol daquela que o Senhor lhe confiou. Ademais, a Palavra de Deus é clara em ensinar que o mandamento de Deus é que o marido cuide de sua mulher acima de seus próprios interesses, o que, em algumas situações, implica a necessidade de sacrifício masculino.

CAPÍTULO 3
A CRISE DE MASCULINIDADE E SUA INFLUÊNCIA NA IGREJA

1) A CRISE DE MASCULINIDADE E A ORDENAÇÃO DE MULHERES AO PASTORADO

Da década de 1980 para cá, a igreja brasileira passou a ser muito mais influenciada por mulheres do que, até então, ocorria. Na verdade, devido à severa crise de masculinidade vivenciada pela sociedade brasileira, acrescida da omissão masculina em nossas comunidades eclesiásticas, os papéis de liderança outrora desenvolvidos por homens começaram a ser preenchidos por mulheres. Desde então, tem crescido no Brasil o número de pastoras, "bispas", "presbíteras" e, pasmem, até mesmo "apóstolas".

É possível afirmar que o aumento desse número não se deve ao fato de que os pastores de hoje têm mais conhecimento bíblico do que aqueles que nos antecederam, mas, sim, a uma série de fatores, desde a incapacidade masculina de liderar a família e a igreja até o abandono das Escrituras em detrimento de pressupostos humanos. É interessante observar que os argumentos daqueles que defendem o ministério feminino são eminentemente sociológicos. Na verdade, essas pessoas não contam com um único argumento bíblico e teológico capaz de justificar a ordenação de mulheres ao ministério pastoral.

Veja bem, nas Escrituras não vemos Jesus separando "apóstolas". Paulo, em suas cartas, não fala de presbíteras, bispas, muito menos pastoras. As referências a essas vocações nas Escrituras sempre estão relacionadas aos homens. Portanto, não é preciso empreender muito esforço para perceber que não existiam pastoras nas igrejas do Novo Testamento. Nem mesmo na nação de Israel era possível encontrar "sacerdotisas", até porque, o ministério sacerdotal de Israel era uma função efetivamente masculina, a qual, diga-se de passagem, fora estabelecida por Deus. Além disso, Paulo ensinou que o bispo deveria ser marido de uma só mulher e que deveria governar bem sua casa, o que, por razões óbvias, desconstrói a ideia de que as mulheres poderiam ser pastoras (1Tm 3.2, 12; Tt 1.6). O apóstolo aos gentios também foi claro em ensinar que a mulher não tem autoridade sobre o marido (1Tm 2.12), o que nos leva ao inequívoco entendimento de que, se ela for pastora, está ferindo o princípio de autoridade da Bíblia, tornando-se líder do esposo, o que efetivamente não se coaduna com os ensinos das Escrituras.

A questão é que, em geral, os que defendem a ordenação feminina relativizam a Bíblia, afirmando ter sido escrita em um contexto machista, cujo fundamento é o patriarcado, o qual precisa ser desraigado de nossas igrejas. Como bem afirmou Augustus Nicodemus Lopes,[21] o patriarcado, tal como o encontramos na Bíblia, especialmente no Antigo Testamento, não é simplesmente uma afirmação da masculinidade, nem sinônimo de domínio do macho ou de um sistema de valores segundo o qual o homem trata a mulher com descaso, desvalorizando-a e supervalorizando a si mesmo. Ao contrário do ensino feminista e de pastores liberais em sua teologia, o patriarcado, do ponto de vista das Escrituras, é o sistema segundo o qual os pais cuidam de suas famílias. A imagem do pai no Antigo Testamento não é primariamente daquele que exerce autoridade e poder, mas, sim, daquele que tem amor adotivo, sob os laços pactuais de bondade e compaixão.

Augustus, com muita clareza e propriedade, também afirma que somente nas Escrituras podemos encontrar o relato de um Deus Pai Todo-Poderoso. Na verdade, os patriarcas refletem a paternidade de Deus, ainda que muito parcamente. Nicodemus afirma — e

---

21 LOPES, Augustus Nicodemus. "Respostas aos argumentos usados a favor da ordenação de mulheres". Disponível em http://tempora-mores.blogspot.com/2014/01/respostas-argumentos-usados-em-favor-da.html.

eu concordo com ele — que o Deus dos hebreus não é como os deuses masculinos irresponsáveis das culturas pagãs das cercanias de Israel. Portanto, afirmar que a Bíblia é machista e que as Escrituras refletem um tipo de patriarcado que precisa ser descontruído representa um equívoco grave, até porque, ao fazer isso, coloca-se em xeque a autoridade e a inerrância das Escrituras.

O problema é que, por causa do marxismo cultural, do feminismo e do empoderamento da mulher, os homens têm sido desestimulados a liderar suas casas e, claro, a igreja, o que tem contribuído para uma inserção teológica da mulher absolutamente díspar da revelada pelas Escrituras. A resistência da ortodoxia evangélica em ordenar mulheres não decorre da afirmação sociológica feita por alguns pastores que, de forma maldosa, distorceram o sentido de uma sociedade patriarcal. Na verdade, a Igreja resiste à ordenação feminina porque tal prática não se coaduna com o ensino das Escrituras, que, em nenhum momento, aprovam o pastorado de mulheres. O que a Bíblia diz é que uma das responsabilidades da mulher é ser ajudadora de seu marido (Gn 2.18), o que reforça o conceito de que a liderança do lar pertence ao homem, na condição de cabeça, enquanto, à mulher, cabem os relevantes papéis de sustentadora, conselheira e auxiliadora.

Nesse contexto, entendo que, ao determinar que o papel da mulher seria de ajudadora de seu marido, o Senhor não a estava rebaixando nem mesmo diminuindo; pelo contrário, ele estava justamente exaltando-a, atribuindo-lhe um importante papel na família e na sociedade. O problema é que, devido à relativização feita pela sociedade em relação a quem a mulher é, bem como ao papel que deve desempenhar, a palavra "auxiliadora" adquiriu um sentido pejorativo, relacionado diretamente a alguém de categoria inferior. Todavia, a Bíblia nos mostra que o ato de auxiliar não diminui o auxiliador. De fato, é exatamente o contrário.

Veja, por exemplo, o termo "ajudante" (em hebraico, *ezer*). A expressão comumente usada na Bíblia denota força. Kathleen Nielson,[22] em seu livro *O que Deus diz sobre as mulheres* (Editora Fiel), assinala, de forma muito interessante, o fato de que essa palavra é usada para descrever Deus, na medida em que ele ajuda seu povo — "O Senhor está comigo entre os que me ajudam; por isso, verei cumprido o meu desejo nos que me odeiam" (Sl 118.7). A ajudadora que Deus deu a Adão era uma extensão da ajuda do próprio Deus, pois ele criou a mulher e a levou até Adão. A ajudadora é o modo como Deus torna o "não é bom" em "muito bom". A ajudadora é o ponto mais alto, o ápice da finalização de Deus na história da criação. Esse papel de auxiliadora que a

---

22 NIELSON, Kathleen. *O que Deus diz sobre as mulheres*. São José dos Campos: Editora Fiel,

mulher tem é um chamado elevado: algo por meio do qual ela reflete a imagem de Deus, seu Criador — e por meio do qual ela serve a Deus, ao andar conforme sua Palavra. Ao reconhecer que o homem precisava de uma ajudadora, Deus definiu não apenas a incapacidade do homem de fazer tudo sozinho, como também revelou que não havia ninguém mais qualificado para desempenhar esse papel de ajudadora do que a mulher. Em outras palavras, o Senhor estava declarando que a mulher tem algo a oferecer ao desenvolvimento do lar e da igreja que o homem não tem.

À luz dessa premissa, entendo que o conceito bíblico de auxiliadora descontrói, de modo eficaz, a ideia de alguns apedeutas e ignóbeis de que o homem sabe tudo, e sua mulher, não. Antes, a Palavra de Deus nos mostra claramente que o homem precisa de conselhos provenientes de uma mulher sábia. Contudo, apesar disso, a Bíblia é clara ao afirmar que homens e mulheres se complementam, o que põe em xeque a visão comum aos nossos dias, que defende com unhas e dentes o empoderamento feminino e a desconstrução do conceito bíblico de auxiliadora e não protagonista por parte da mulher na igreja.

As mulheres foram chamadas e designadas por Deus para auxiliar e aconselhar seus maridos tanto em casa como na igreja, e não para liderar suas casas ou a Igreja de Cristo.

2) UMA IGREJA QUE SOFRE AS CONSEQUÊNCIAS DA FEMINIZAÇÃO DA FÉ

Entendo que a igreja ocidental esteja se tornando cada vez mais feminina. Entendo também que esse é um fenômeno relativamente novo, razão pela qual a feminização de comunidades eclesiásticas tornou-se uma forte característica da igreja do século XXI, o que se percebe nitidamente em boa parte das liturgias e dos cultos no Brasil. Para tanto, basta olharmos para os ajuntamentos eclesiásticos e chegaremos à triste conclusão de que os cultos evangélicos estão cada vez mais emotivos, mais sensitivos e menos racionais, o que atrai muito mais mulheres que homens.

Não estou afirmando que as mulheres sejam menos inteligentes do que os homens. Longe disso! Até porque há uma enormidade de mulheres intelectualmente brilhantes. Na verdade, o que estou dizendo é que, do ponto de vista da constituição da psique feminina, as mulheres são mais emotivas, o que, obviamente, não as desmerece nem as reduz. Além disso, o chamado "espírito feminino" tende a ser mais flexível e maleável, enquanto o masculino tende a ser mais ordenador, conservador, resistente e combativo.

Nas próximas páginas, veremos, de forma prática e objetiva, como a crise de masculinidade comum ao nosso tempo contribuiu para que a igreja experimentasse mudanças significativas em suas liturgias, influenciando, assim, o comportamento cristão, a disciplina eclesiástica e o governo de uma igreja local.

3) A CRISE DE MASCULINIDADE E SUA INFLUÊNCIA NA ADORAÇÃO COMUNITÁRIA

Talvez uma das áreas que mais sofrem com a crise de masculinidade na igreja é o ministério de música. É inquestionável o fato de que a adoração comunitária, em boa parte das igrejas evangélicas do Brasil, foi feminizada. Observo que boa parte dos novos cânticos entoados em nossas comunidades apresenta um viés feminino. Expressões como "quero beijar-te, tocar tua face, calçar teus sapatos, deitar no teu colo, descansar recostado em teu peito, ouvindo teu coração, vestir tua camisa" e outras mais são indicativos de que a igreja perdeu o entendimento bíblico do significado e do conteúdo da adoração. Canções dessa natureza têm como principal característica o desejo de se relacionar com Cristo de forma igualitária, de modo que a divindade do Senhor esteja submetida a um humanismo sensitivo cujo foco é claro: a satisfação humana.

Ao ler este texto, talvez você discorde de mim, dizendo a si mesmo: "Não vejo nada de mais em canções que tenham como foco essas expressões, até porque, para mim, isso é licença poética!". Pois bem, afirmo que a licença poética é algo bem diferente disso. Até entendo que é possível recorrer a metáforas e poesias nas canções entoadas em nossos cultos, mas o que temos visto e testemunhado em muitas de nossas reuniões está bem além dessa percepção.

Por favor, responda sinceramente: Em que lugar nas Escrituras vemos o incentivo a esse tipo de louvor? Bem sei que o Deus Santo é um Deus pessoal, que ouve orações, que nos consola em meio a dramas e conflitos, e que é cognoscível, mas, apesar disso tudo, não encontramos em sua Palavra nenhum exemplo de adoração como temos visto em nossos dias. Por favor, pare, pense e diga se, no livro de Salmos ou no restante das Escrituras, deparamos com algo similar ao que está sendo cantado em nossas igrejas? Claro que não!

Vale a pena ressaltar que esse tipo de adoração — denomino "louvor romântico" — é um grave problema vivenciado pela igreja brasileira. Ora, Jesus Cristo é Deus, e não namorado, muito menos um coleguinha de escola. Para nossa tristeza, tornou-se comum encontrarmos, em nossas igrejas, expressões cunhadas por cantores e pastores do tipo "Deus é um fofo, um cara legal, gente boa etc.", o que relativiza e até mesmo diminui o conceito bíblico de quem é o Senhor.

Michel Horton, em seu livro *A face de Deus* (Editora Cultura Cristã),[23] diz algo bem interessante e que precisa ser lembrado aqui: parte da música evangélica tem sofrido clara influência do gnosticismo. Para

---

23 HORTON, Michael. *A face de Deus*. São Paulo: Editora Cultura Cristã, s.d.

ele, a prova disso é que as canções entoadas em nossos ajuntamentos valorizam a experiência e o sentido, em detrimento do conhecimento. A questão é que os influenciadores dos músicos de nosso tempo não são os mesmos do passado. Antigamente, as canções entoadas em nossos cultos contavam com a influência de bons teólogos, o que, lamentavelmente, não acontece nos dias de hoje.[24] E, para piorar a situação, a desconstrução do papel do homem na família, na igreja e na sociedade, aliada ao feminismo e ao empoderamento feminino, tem contribuído para a implementação de modelos antagônicos às Escrituras, cujos protagonistas têm sido as cantoras gospel, que, mediante suas canções e *performance*, têm dado um novo rumo à música congregacional. Nessa perspectiva, a igreja passou não só a cantar, como também dançar como mulheres, fazer coreografias e shows variados, desenvolvendo, assim, uma liturgia desprovida de masculinidade.

Certa feita, ao visitar uma igreja na qual fui preletor numa conferência de jovens, vi que o grupo responsável pelo louvor com música, além de ferir o princípio regulador do culto,[25] com inserções de danças e coreo-

---

24 VARGENS, Renato. *Muito mais que louvor*. Campina Grande: Editora Visão Cristã, 2013.

25 O princípio regulador do culto afirma que o culto público deve ser bíblico. Opõe-se ao princípio normativo do culto que diz que, se algo não for efetivamente proibido pelas Escrituras, deve ser permitido no culto. Os reformadores e puritanos, ao contrário dessa perspectiva, entendiam que o que não for diretamente ensinado nas Escrituras ou necessariamente inferido do seu ensino deve ser proibido no

grafias, entoava canções com viés feminino, conduzindo a igreja a um estilo de adoração desprovido de masculinidade. O grupo de música em questão, famoso nas rádios, conseguia reproduzir, entre os participantes do culto, gestos e expressões femininas, o que, aliado a um bailado desconexo e sensual, trazia a impressão de que a liturgia saudável de uma comunidade cristã deve ser desprovida de masculinidade.

Noutra ocasião, testemunhei alguns rapazes extremamente emocionados por estarem participando de um louvor dirigido por uma famosa cantora gospel. Aqueles jovens, ao ouvirem as canções entoadas pela moça, gritavam e choravam, pedindo a ela que lhes mandasse pelo menos um "oi" ou lhes desse um autógrafo. Então, pergunto: O que está acontecendo? O que aconteceu com os rapazes evangélicos? Para que e por que essa emoção toda? Ora, não estou dizendo que os jovens desse episódio ou até mesmo outros que se comportam dessa forma sejam homossexuais, até porque seria irresponsável da minha parte fazê-lo, mas entendo que um culto feminizado, aliado a uma performance revestida de muita emoção, tem induzido inúmeros rapazes a um comportamento em que a razão deu lugar ao emocionalismo e ao sentimento.

culto. Colocado positivamente, o princípio regulador do culto afirma que a liturgia de uma igreja deve ter somente aquilo que contar com real fundamentação bíblica (ANGLADA, Paulo. *O princípio regulador do culto*. São Paulo: Editora PES, s.d.).

É certo que a situação da igreja brasileira é nevrálgica e extremamente complicada. Assim, entendo que, se desejarmos reverter esse quadro em que os cultos e as músicas cantadas são eminentemente femininas, é fundamental agirmos com veemência em pelo menos três áreas:

a) Reavaliando as letras e as melodias das canções entoadas

Você já se deu conta de que, em nossas igrejas, não cantamos mais sobre o céu, sobre o Cordeiro de Deus que tira o pecado do mundo, sobre a graça imerecida, sobre regeneração, conversão ou sobre os atributos de Deus? Aliás, dos atributos do Senhor, canta-se somente sobre seu amor, deixando-se de lado, por exemplo, sua justiça e sua santidade, o que tem proporcionado aos crentes brasileiros uma visão míope daquilo que as Escrituras afirmam ser o Senhor.

Entendo que, em primeiro lugar, é preciso que os pastores que desejam um culto bíblico resgatem as letras que exaltam a majestade de Deus, sua santidade, a obra redentora do Filho, sua justiça, bem como a gloriosa esperança do porvir.

b) A liturgia do culto deve estar na mão do pastor, e não na "batuta" do músico

Nos últimos vinte anos, os pastores deixaram de lado a responsabilidade por conduzir e influenciar bíblica e teologicamente as canções entoadas e tocadas no culto, entregando a condução do momento de louvor a músicos, muitos deles sem instrução teológica, o que contribuiu, de forma significativa, para o empobrecimento do conteúdo teológico da música evangélica brasileira.

Basta olharmos para o que se canta em nossos ajuntamentos solenes e chegaremos à conclusão de que a safra não é tão boa assim. Para piorar a situação, o evangelho que tem sido "tocado" por alguns de nossos cantores é aquilo que chamo "evangelho de uma nota só". Esse evangelho é extremamente contrário ao que se revela nos evangelhos, pois anuncia o amor de Deus e esquece o juízo eterno; prega prosperidade e nega solidariedade; fala de fé e não confessa pecados; propaga a vitória e nega a cruz. Ademais, também acredito que o empobrecimento de nossas canções deve-se, em parte, ao fato de termos abandonado a exposição e a pregação da Palavra de Deus. Na verdade, o problema é que trocamos a Bíblia pela batuta, deixando de lado o estudo e a reflexão das Escrituras Sagradas, o que contribui para o surgimento de uma adoração esquizofrênica, ensimesmada, antropocêntrica e claramente sensitiva, emotiva e desprovida de racionalidade.

É necessário que os pastores retomem a direção dos chamados ministérios de louvor, orientando os músicos de suas igrejas no que se refere às letras, às melodias, aos ritmos e ao conteúdo teológico.

c) Promover o resgate de uma adoração mais racional

Para que ocorra uma mudança no louvor congregacional, além da observância das duas primeiras recomendações, é fundamental resgatar o hábito de uma adoração mais racional, colocando de lado canções antropocêntricas e emotivas. É imperativo retomar muitas composições antigas cujo conteúdo bíblico-teológico apontava para a grandeza e a magnitude de Deus. Novas canções podem e devem ser compostas tendo por foco os atributos, a pessoa e a glória de Deus, o que, por si só, desmantelará os louvores emotivos e feminizados cantados por essa geração.

4) A CRISE DE MASCULINIDADE E O SURGIMENTO DA DANÇA PROFÉTICA

A mudança na forma e no conteúdo relacionados à condução do louvor congregacional, aliada à ausência de liderança masculina na igreja, além da substituição da Bíblia por aquilo que dá certo, e não por aquilo que é certo, trouxe a reboque uma série de práticas absolutamente antagônicas às verdades reveladas pelas Escrituras.

Um claro exemplo disso é o surgimento do movimento de dança nas igrejas evangélicas. Aliás, do Oiapoque ao Chuí, tornou-se comum encontrar, nas comunidades cristãs das mais variadas matizes, grupos coreográficos que dançam em meio ao louvor, usando, como acessórios, roupas extravagantes e esvoaçantes.

Moças e, para nossa vergonha, também rapazes imprimem uma coloração feminina à liturgia, tirando, assim, o foco de Cristo e de sua Palavra.

Antes de qualquer coisa, é importante afirmar que, do ponto de vista das Escrituras, o momento de música no culto deveria ser única e exclusivamente para adorar a Deus, e não para a apresentação de grupos artísticos. A questão é que, com fundamento numa interpretação equivocada da Palavra de Deus, inúmeros cristãos têm defendido aquilo que chamam de "dança profética". Assim, os que defendem essa prática litúrgica justificam suas atividades em dois episódios narrados no Antigo Testamento envolvendo Miriã (Êx 15.20) e Davi (2Sm 6.5). Além desses exemplos, os apologistas da dança na igreja costumam também afirmar que o Novo Testamento aprova a dança no culto, pelo fato de que, ao sentir a presença do Messias no ventre de Maria, João Batista estremeceu e saltou de alegria no interior de Isabel (Lc 1.41).

Sinceramente? Acho uma grande "forçação de barra", ou seja, um grande exagero, essa ideia de que, se Davi e Miriã dançaram, está assim ordenada a dança na igreja. A dança protagonizada por Davi como a da irmã de Moisés foram eventos isolados e individuais, fora de um culto público. Aliás, não encontro no Antigo Testamento nenhum texto que diga que Moisés recebeu, da parte do Senhor, orientação para constituir, em

Israel, um grupo de levitas que se dedicassem exclusivamente a dançar em frente à Arca da Aliança. Também não vejo, no Antigo Testamento, nenhum relato pelos apóstolos de que, no culto ao Senhor, deveria haver manifestação de danças diversas. Ademais, entendo que a chamada dança litúrgica ou profética fere o princípio regulador do culto, o qual não inclui todo e qualquer tipo de dança.

À luz das Escrituras, entendo que não podemos inventar maneiras de cultuar a Deus além daquelas reveladas em sua Palavra. A Bíblia é absolutamente clara em afirmar que o culto ao Senhor deve caracterizar-se por orações, louvores, leitura e exposição bíblica da Palavra, ofertas voluntárias de seu povo e ministração das ordenanças: o Batismo e a Ceia do Senhor.

O certo é que não existe base bíblica para se introduzirem danças no culto. Em segundo lugar, se Deus quisesse danças, teria instruído os líderes de Israel e, posteriormente, os apóstolos a estabelecer o ministério de dança profética, mas ele também não fez isso. Ora, se o Senhor não o fez e não há relatos nem mesmo ordens bíblicas para fazê-lo, por que, então, criar grupos de dança?

Ah!, dirão alguns, mas a Bíblia não diz que, onde está o Espírito do Senhor, aí estará a liberdade? (2Co 3.17) portanto, em nome dessa liberdade, podemos ter danças na igreja, não é mesmo?

É verdade que esse é o verso utilizado por muitos pastores para justificar a bagunça em que se transformaram alguns dos cultos evangélicos. Lamentavelmente, em nome da liberdade, muitos cristãos têm feito coisas que nos fazem ruborizar de vergonha. Pessoalmente, já vi gente gritando, correndo, pulando, gargalhando, engatinhando, "caindo no poder" e muito mais. O pior é que, quando você as confronta, exortando-as, em nome de Cristo, a refletir sobre suas atitudes à luz das Escrituras, elas respondem com esse versículo, dizendo que, onde está Espírito do Senhor, há liberdade. A questão é que boa parte dos pastores não sabe interpretar o texto. Na verdade, uma boa exegese e uma boa hermenêutica bíblica mostrariam que a interpretação é bem diferente daquilo que pregam.

Quando Paulo afirma que, "onde está o Espírito do Senhor, aí há liberdade", não estava tratando efetivamente do culto. Aliás, o texto não tem relação alguma com culto público. Ao usar essas palavras, Paulo referia-se à leitura do Antigo Testamento. Na verdade, a ideia paulina era que os judeus não conseguiam enxergar Cristo no Antigo Pacto, visto que, quando o liam, o véu de Moisés estava sobre seus corações e mentes, impedindo-os de enxergar a verdade. Todavia, diz Paulo, quando alguém era convertido pelo Senhor Jesus, o véu era retirado. Essa pessoa, agora, podia ler o Antigo Testamento sem o véu, em plena liberdade, livre dos impedimentos legalistas. Seu coração e sua mente estavam livres para ver a Cristo onde antes nada percebiam. É dessa liberdade que Paulo está falando. É o Senhor, que é o Espírito, quem abre os olhos da mente e do coração para que possamos entender as Escrituras, o que, em verdade, é bem diferente do ensinado pelos apologistas do ministério de dança. Portanto, esse texto, usado como fundamento para o ministério de dança, não justifica tal prática litúrgica, visto que seu contexto é absolutamente diferente daquilo que as Escrituras ensinam.

Ressalto também que, segundo a Bíblia, Deus é exaltado por meio de cânticos, e não mediante danças proféticas protagonizadas por grupos distintos, cheios de sensualidade e feminilidade. No Novo Testamento, somos encorajados a falar por meio de salmos, hinos e canções espirituais (Ef 5.19), mas nada é dito sobre a dança. Aliás, ao lermos os evangelhos, o livro de Atos, as Epístolas e Apocalipse, não encontramos uma única menção à necessidade de a igreja possuir um ministério de dança, não havendo alusão à agitação frenética de lenços e fitas ou serpentinas durante a adoração nas igrejas do Novo Testamento. Por fim, o testemunho e a história da Igreja deveriam servir de baliza à rejeição dessa prática mundana e feminizada, até porque, se, em aproximadamente dois mil anos de história, a Igreja de Cristo adorou o Senhor sem dança, por que somente agora deveríamos fazê-lo?

5) A CRISE DE MASCULINIDADE E SUA INFLUÊNCIA NO AMBIENTE DO CULTO

Já vimos que a crise de masculinidade tem influenciado diretamente a igreja. Do surgimento do ministério pastoral feminino, passando pela música e culminando na dança profética, a igreja, sem sombra de dúvida, tornou-se mais feminina. Basta olharmos para o ambiente de culto da maioria das igrejas brasileiras. Em verdade, a omissão masculina nas igrejas, quer nos púlpitos, quer em suas diretorias, tem contribuído, de forma efetiva, para um ambiente cúltico que tem pelo menos quatro características elementares:

a) O ambiente do culto tornou-se mais sensitivo e emocional

É inegável o fato de que a esmagadora maioria dos cultos brasileiros baseia-se em emoção. É interessante perceber que muitos evangélicos acreditam que o culto só pode ser considerado ungido quando proporciona alguma sensação. Eu mesmo já ouvi relatos de evangélicos que dizem que a reunião foi especial pelo fato de terem chorado muito ou se arrepiado com uma canção tocada, uma oração feita ou uma palavra dada. Em verdade, para esses cristãos, um culto racional, em que a Palavra é pregada sem emoção, não se coaduna com o modelo bíblico de culto.

Em boa parte dos cultos brasileiros, é mais importante sentir do que pensar, extravasar os sentimentos do que refletir, chorar do que discorrer de forma racional acerca das verdades reveladas pela Palavra de Deus.

b) O ambiente do culto tornou-se mais relacional

Em segundo lugar, entendo também que os homens são menos relacionais que as mulheres e que, como o ministério feminino tornou-se protagonista tanto na música como na condução da liturgia, a ênfase do culto passou a ser bem mais relacional. Na verdade, a maioria das mulheres responde melhor aos apelos relacionais, enquanto os homens tendem a apreciar uma abordagem racional. Nessa perspectiva, as pregações passaram, por exemplo, a ser mais pragmáticas que teológicas. Veja, ilustrativamente, quantas pregações têm sido feitas visando melhorar os relacionamentos interpessoais! Muitas, não é verdade? São muitos os cultos cujo foco exclusivo é, efetivamente, o bem-estar emocional e relacional. Ademais, percebe-se também que uma liturgia feminina tem muito mais abraços, toques e afetos do que no passado.

c) O ambiente do culto tornou-se mais intimista

Isso é algo absolutamente perceptível. O fato de o púlpito ter sido feminizado contribuiu, de forma efetiva, para que o culto fosse mais focado nas demandas do individuo do que na glória de Deus. De fato, como as mulheres são mais relacionais, emotivas e profícuas na construção de vínculos afetivos, um culto intimista, voltado à autoajuda e à satisfação pessoal, ganhou mais proeminência entre os evangélicos. Um exemplo disso é a preocupação das "pastoras" em desenvolver estudos, pregações e sermões que ajudem o fiel a olhar para si, em busca de métodos e fórmulas que visam à construção de relacionamentos mais saudáveis.

d) O ambiente do culto tornou-se menos confrontador

Em último lugar, o fato de a liturgia ter tomado um viés eminentemente feminino extirpou do culto o confronto com o pecado. Em verdade, a pregação perdeu a capacidade de confrontar o homem em suas incongruências, delitos e transgressões. Desse modo, com a prevalência feminina na igreja, o púlpito ganhou um viés mais conformista que confrontador, proporcionando, assim, uma visão estereotipada da graça de Deus. Um exemplo claro disso tem sido as igrejas em que o foco das pregações está exclusivamente no amor de Deus. Nelas, os pastores e líderes falam de um Deus amoroso, esquecendo-se, porém, de pregar outros atributos de Deus, como justiça e santidade. Nessa perspectiva, não há espaço para o confronto, até porque o amor, afirmam eles, deve prevalecer, mesmo que o sujeito resolva continuar na prática do pecado.

6) A CRISE DE MASCULINIDADE E A AUSÊNCIA DE DISCIPLINA ECLESIÁSTICA

Os reformadores costumavam afirmar que um dos pilares de uma igreja saudável é a disciplina eclesiástica. João Calvino considerava a disciplina numa igreja, juntamente com a pregação fiel da Palavra e a administração dos sacramentos, uma das marcas que distinguem a igreja verdadeira da falsa, com o que concordo plenamente. Contudo, neste início de milênio, temos visto parte da igreja de Cristo muito mais tolerante em relação ao pecado do que, por exemplo, a igreja de trinta ou quarenta anos atrás. Em verdade, isso se deve a alguns fatores, como, por exemplo, o relativismo de nosso tempo, a influência da teologia liberal e um nítido desconhecimento das Escrituras. Contudo, entendo também que a Igreja de Cristo tem sido mais tolerante com o pecado porque passou a ser mais influenciada por mulheres.

Não estou defendendo a tese de que as mulheres sejam mais tolerantes em relação ao pecado do que os homens. De forma alguma! Entretanto, posso afirmar que, em geral, as mulheres são mais misericordiosas e compassivas que os homens. A propósito, também não estou desmerecendo essas qualidades, até porque misericórdia e compaixão são atributos maravilhosos que precisam ser vivenciados e manifestados pela Igreja de Cristo. Portanto, quando afirmo que a Igreja tornou-se mais tolerante ao pecado e, por conseguinte, menos "disciplinadora", isso se deve ao fato de que as mulheres passaram a influenciar muito mais a igreja, introjetando, em suas estruturas, emoções e sensibilidade.

É possível que, a esta altura, você esteja perguntando: "Mas misericórdia e compaixão não são coisas boas? Por acaso essas virtudes não deveriam nortear a comunidade dos santos? Ora, é claro que são coisas boas, e que a igreja precisa ser compassiva, misericordiosa, bem como chorar com os que fracassaram e falharam em sua caminhada, mas isso não basta. O fato é que a Igreja de Cristo foi chamada pelo Senhor para lidar com firmeza com o pecado, e com aquele que, mesmo confrontado, não deseja arrepender-se de suas iniquidades. A questão é que, em nome da misericórdia, tem-se protelado aos impenitentes a disciplina eclesiástica, o que, por si só, tem trazido inúmeros problemas à igreja como um todo.

Quando a comunidade da fé perde a essência masculina, a tendência é que o impenitente não seja tratado segundo a gravidade de seu pecado, o que, de certa forma, tem acontecido em nossos arraiais. Em outras palavras, podemos afirmar que, em parte, essa tem sido a razão pela qual a igreja deixou de lidar com firmeza com aqueles que, descaradamente, desejam permanecer na prática do pecado.

Agora, talvez você esteja perguntando: Qual é o propósito da disciplina na igreja? Castigar? Humilhar o pecador? Fazê-lo passar vergonha?

Claro que não. A disciplina eclesiástica é algo que requer oração, misericórdia, compaixão e firmeza em sua execução e que tem propósitos importantes na vida da igreja. Há pelo menos três propósitos principais para a disciplina ser exercida numa comunidade local:

a) A disciplina na igreja existe para recuperar o pecador, levando-o à consciência de que seu pecado ofende Cristo e prejudica a igreja

As Escrituras ensinam que somos membros do Corpo de Cristo (Rm 12.1-8) e que, quando um membro sofre, todos sofrem (1Co 12.26-27), e que um pouco de fermento leveda toda a massa (1Co 5.6), o que exige, por parte da igreja, firmeza quanto ao pecado cometido por seus membros (Mt 18.15-20). Assim, diante do pecado praticado de forma voluntária por um de seus membros, a igreja é chamada a exercer disciplina sobre o pecador, agindo com amor e firmeza, e entendendo que essa é uma poderosa e eficiente maneira de confrontar o impenitente em seu pecado, mostrando-lhe que a igreja o ama e que deseja vê-lo restaurado à comunhão.

b) A disciplina eclesiástica é necessária para manter a pureza da igreja e seu testemunho diante da sociedade na qual estamos inseridos

Por acaso, você já se deu conta de que o fato de a Igreja de Cristo negligenciar a disciplina entre seus membros tem gerado escândalo entre os incrédulos?

Veja, por exemplo, a quantidade de pastores adúlteros, líderes perdulários e crentes desonestos que, em nome do amor, continuam como membros de suas igrejas sem jamais terem sido confrontados por seus delitos e pecados? Ora, uma igreja que prima pela fidelidade às Escrituras e pela disciplina eclesiástica entende que seu testemunho diante de uma sociedade absorta em iniquidade é fundamental e que, por essa razão, não pode ser conivente com a prática do pecado.

Ultimamente, tornou-se comum vermos algumas igrejas com os seguintes dizeres em suas placas: "É proibida a entrada de pessoas perfeitas". Eu até entendo a motivação dos pastores para colocar esses dizeres nas portas de suas igrejas. Compreendo que eles estão afirmando que os pecadores são bem-vindos em seus cultos dominicais, mas muitos desses pastores recebem pecadores como membros de suas igrejas, sem, contudo, terem sido regenerados e convertidos por Cristo, o que, efetivamente, os leva a continuar uma vida de pecado. E, como não foram regenerados, continuam na prática do pecado, sem, contudo, experimentar disciplina, o que gera escândalo entre os incrédulos.

Isso me faz lembrar Paulo, que, ao escrever sua primeira epístola à igreja de Corinto, manifestou sua perplexidade ao saber que um rapaz estava se relacionando sexualmente com a mulher de seu pai (1Co 5.1). O apóstolo aos gentios, inclusive, chegou a afirmar que nem entre os incrédulos havia quem praticasse tamanha abominação e que os coríntios deveriam ter expulsado da comunhão o pecador impenitente. Talvez, se isso acontecesse nos dias de hoje, dissessem: Cadê o amor? Não podemos julgar o irmão, até porque somente Deus pode julgar o coração dele etc. Contudo, o que vemos em Paulo é firmeza, masculinidade, decisão de que o pecado não pode ser banalizado e de que o pecador incontrito tem de ser disciplinado.

c) A disciplina na igreja é feita para a glória de Deus

Uma igreja que disciplina os faltosos, que corrige os insubmissos e que não trata de forma leviana o pecador glorifica a Deus. Uma igreja que não se submete ao curso deste mundo (Rm 12.1-3), que rejeita o politicamente correto e que zela pela santidade de seu povo glorifica aquele que a salvou. Por isso, afirmo claramente que a disciplina eclesiástica, além de ser um ato de amor, é um ato zeloso de uma igreja que adora a Cristo, submetendo-se à sua Palavra e fazendo dela sua única e exclusiva regra de fé.

Concluo dizendo que a disciplina eclesiástica pode parecer desagradável e cruel aos ouvidos de uma igreja feminizada, mas, à luz da Palavra de Deus, a verdadeira disciplina bíblica preserva a igreja e glorifica ao Senhor. Disciplina na Igreja é uma questão de amor a Deus, de santidade, verdade e testemunho de Cristo na igreja, amor pelos irmãos e amor pelos não salvos, que estão observando o comportamento da Igreja e que, em virtude dos pecados não corrigidos, podem tropeçar, escandalizando-se com a vida dos crentes.

7) A CRISE DE MASCULINIDADE E O CULTO DOMÉSTICO

Não somente o culto público tem sido influenciado negativamente pela crise de masculinidade; o culto doméstico também. Aliás, antes de qualquer coisa, é importante afirmar que as Escrituras ensinam que cabe aos pais instruir e educar seus filhos no temor do Senhor. Dois dos textos mais conhecidos que tratam objetivamente desse assunto encontram-se em Deuteronômio 6.4-9 e 11.18-19, que enfatizam a responsabilidade de incutir na cabeça dos filhos os preceitos do Senhor.

É interessante perceber que os textos em questão não nos trazem a ideia de que ensinar aos filhos é uma opção. Na verdade, o que a Bíblia nos mostra é que ensinar os filhos a respeito de Deus é uma ordem, uma obrigação, devendo ser seguida à risca pelos pais. Contudo, devido à omissão masculina, muitos homens têm deixado de cumprir esse papel. Em muitos lares cristãos, os homens transferiram a responsabilidade de ensinar a Palavra de Deus aos filhos para suas mulheres. Nessa perspectiva, não oram *por e com* seus filhos, não lhes ensinam as verdades das Escrituras, muito menos dedicam tempo ao discipulado daqueles que o Senhor lhes confiou. Para nossa tristeza, essa geração de homens cristãos optou por se ausentar do lar, proporcionando, com isso, o aparecimento de problemas seríssimos em suas casas e famílias.

a) A ausência paterna na condução do culto doméstico tem contribuído para a ideia de que Deus não é digno de ser adorado no contexto familiar

Por favor, pare e pense: uma criança que não vê seu pai instruindo, ensinando e orando com sua família cresce com a triste ideia de que Deus só pode ser reverenciado e adorado no culto público e que, em casa, não há espaço para adorá-lo, proporcionando, dessa forma, uma espécie de dualismo cúltico. O fato é que a omissão masculina na condução do culto doméstico tem contribuído, de forma significativa, para a ideia de que Deus não é tão importante assim; afinal de contas, ele nem mesmo é lembrado em sua casa.

b) A ausência paterna na condução do culto traz, nas entrelinhas, a ideia de que o Pai não se preocupa com o crescimento espiritual dos filhos ou com o destino de suas almas

As Escrituras ensinam que os filhos são herança do Senhor e que pertencem a Deus, que nos confiou o cuidado com eles. Homens que não conduzem cultos domésticos, ensinando seus filhos a respeito das verdades bíblicas, estão mostrando que não se preocupam com o destino eterno de seus rebentos, até porque, se considerassem isso fundamental e indispensável, não se eximiriam dessa responsabilidade e os instruiria diariamente a respeito do Senhor e de sua Palavra.

c) A ausência paterna na condução do culto doméstico impossibilita aos filhos o aprendizado através da espiritualidade e da devocionalidade do pai, verdades relacionadas ao Deus revelado pelas Escrituras

Vivemos na era da terceirização, em que a educação dos filhos tem sido delegada a outras pessoas. Isso tem acontecido tanto na escola como na igreja, para onde os pais enviam seus filhos na expectativa de que sejam educados, corrigidos e instruídos, o que é um erro grave, até porque a responsabilidade com a educação não cabe aos professores, mas, sim, aos pais. Aliás, o reformador francês João Calvino costumava afirmar que o papel da igreja não é ensinar as crianças sobre Deus, mas, sim, contribuir e confirmar aquilo que elas aprenderam em suas casas com os pais. Contudo, o que temos visto em nossos dias é o inverso daquilo que foi vivenciado em Genebra. De fato, a ausência paterna na condução de cultos domésticos tem levado as crianças a crescer sem a rica experiência de aprender as verdades bíblicas mediante o ensino de seus pais, o que, de certa forma, tem contribuído para a deficiência de conhecimento bíblico dessa geração de crentes em Jesus.

d) A ausência paterna no culto doméstico tem contribuído para a ausência de espiritualidade e devocionalidade dos filhos

Pais que não dedicam tempo ao culto doméstico estão ensinando aos seus filhos que a oração não é importante e que Deus não é relacional ou cognoscível. Pais que não reservam um tempo para orar com os filhos pequenos estão passando a triste mensagem de que não devemos dedicar momentos de oração ao Senhor, oferecendo a ele intercessões e ações de graças. Filhos que não veem seus pais orando a Deus, lançando sobre ele suas ansiedades, tensões e preocupações, crescem distantes do Senhor, da oração e do temor de um Deus santo que ouve orações e intervém na vida daqueles que por ele clamam.

Concluo dizendo que o culto doméstico é um hábito extremamente salutar, orientado pela Bíblia, de responsabilidade masculina, e que, lamentavelmente, tem sido negligenciado por muitos homens, cujo desprezo por sua importância tem trazido consequências graves. Entendo que a crise de masculinidade tem levado muitos homens à omissão, o que, por conseguinte, tem levado famílias inteiras a vivenciar situações de difícil superação, em que as principais implicações têm sido o surgimento de uma geração apática, desprovida de conhecimento bíblico, sem temor a Deus e com uma visão extremamente distorcida sobre quem a Bíblia revela ser o Senhor.

CAPÍTULO 4
O QUE FAZER?

E agora? O que fazer diante deste quadro preocupante? Será que existe uma saída? O que os cristãos que amam a Deus e sua Palavra podem e devem realizar a fim de retomar o padrão de masculinidade revelado pelas Escrituras? Quais são os passos que devem ser dados para a reconstrução do conceito de masculinidade na igreja evangélica brasileira? À luz desses questionamentos, há pelo menos cinco passos necessários:

1) É INDISPENSÁVEL QUE A BÍBLIA VOLTE A OCUPAR A CENTRALIDADE EM NOSSAS IGREJAS E CULTOS, MOLDANDO, ASSIM, FÉ, PRÁTICA E COMPORTAMENTO

Os pressupostos defendidos pelos reformadores são absolutamente claros em afirmar que a Palavra de Deus deve ocupar lugar central no culto, visto que é através dela que Deus nos fala.[26] Sim! Deus decidiu falar através de sua Palavra e, para isso, decretou que ela

---
26 Confissão de Westminster, 21.5; João Calvino, *As Institutas*, IV.1.5.

deveria ser pregada, ensinada e explicada, mas, como já vimos neste livro, em virtude de fatores variados, a exposição fiel das Escrituras tem sido substituída nas igrejas brasileiras por meios alternativos, como teatro, música e dança profética.

Ora, o reformador francês entendia que a pregação deveria ser central na igreja, até porque, segundo Calvino, esse era o modo de Deus salvar seu povo.[27] Calvino também dizia que, quando subia ao púlpito, não era para ouvir meros cânticos. Para ele, os que desenvolviam tais práticas se alimentavam exclusivamente de vento. Além disso, o reformador cria que a pregação deveria ser "sem exibição", para que o povo de Deus pudesse reconhecer nela a Palavra de Deus e para que o próprio Deus, e não o pregador, pudesse ser honrado, obedecendo-se a ele.

Charles Spurgeon,[28] ensinava que as Escrituras não aprovam a ideia de que prover entretenimento para as pessoas é função da igreja.

A Bíblia precisa novamente ocupar o centro dos cultos, a fim de que produzir, de forma efetiva, transformações no povo de Deus. Penso também que a centralidade da Palavra do Senhor, a exposição fiel aos textos inspirados, como também uma aplicação

---

27 VARGENS, Renato, *Reforma agora*, op. cit.

28 SPURGEON, Charles Haddon. "Alimentando as ovelhas ou divertindo bodes". Disponível em http://www.ministeriofiel.com.br/artigos/detalhes/74/Alimentando_as_Ovelhas_ou_Divertindo_os_Bodes.

saudável das verdades retratadas pelas Escrituras, tudo isso contribuirá efetivamente para o resgate do conceito de masculinidade na Igreja de Cristo.

2) É INDISPENSÁVEL QUE PASTORES E LÍDERES INVISTAM EM SEMINÁRIOS, ESCOLAS BÍBLICAS E CONGRESSOS PARA HOMENS, EVENTOS NOS QUAIS OS ASPECTOS DA MASCULINIDADE BÍBLICA SÃO ENSINADOS

É preciso investir com dedicação e afinco em discipulado e estudo bíblico. Entendo que o abandono das escolas dominicais, dos cultos de doutrina e de atividades similares nas igrejas evangélicas no Brasil contribuiu para o enfraquecimento do povo de Deus, o que, por conseguinte, produziu uma igreja débil, com homens desprovidos de conhecimento bíblico, o que, aliado ao relativismo de nosso tempo, produziu a feminização dos homens.

As atividades de ensinos relacionadas à masculinidade necessitam ser resgatadas na igreja. O púlpito é o centro propulsor da Igreja e que tudo aquilo que é ensinado ou enfatizado nele gera resposta por parte da comunidade dos santos. Nessa perspectiva, entendo também que a igreja pode criar algumas atividades na área de ensino e discipulado, voltadas exclusivamente aos homens, como, por exemplo, uma escola de noivos e uma escola de pais. Aliás, você já percebeu que todo profissional precisa dedicar-se com esmero ao aprendizado antes de exercer sua profissão? Um médico, por exemplo, antes de desempenhar a função correspondente, dedicará, no mínimo, seis anos aos estudos, isso sem falar no tempo dedicado à residência médica; mas, quando se trata de casar, constituir família ou mesmo gerar filhos, os postulantes não dedicam tempo a isso. E as consequências disso são as piores possíveis, visto que a falta de ensino e discipulado, tanto em casa como na igreja, tem gerado homens fracos que não sabem liderar suas famílias; homens mimados que se recusam a crescer; e homens completamente despreparados para amar, proteger, cuidar e se sacrificar por suas mulheres e seus filhos.

Sem sombra de dúvida, o momento que vivemos é crucial e emblemático, e mais do que nunca a igreja precisa de homens comprometidos com Deus e com sua Palavra, homens que tenham aprendido, à luz das Escrituras, a ser homens. A igreja anseia por homens valorosos que amem a Deus acima de todas as coisas, homens que não possam ser amedrontados pelas ameaças deste mundo mau, homens santos, cheios de poder, e não marionetes cujo ventríloquo é o adversário de nossas almas, aquele que, mediante o sistema deste mundo, tem corrompido o conceito bíblico sobre o que significa ser homem.

3) É NECESSÁRIO CONTRAPOR-SE AO MACHISMO, BEM COMO A TODA E QUALQUER VISÃO ESTEREOTIPADA SOBRE O QUE SIGNIFICA SER HOMEM

Uma das acusações que, em geral, os cristãos enfrentam é que a Bíblia é machista. E é machista, dizem as feministas, pelo simples fato de que defende a exclusividade da liderança do homem tanto na família como na igreja. Se não bastasse isso, o movimento feminista diz que, para desconstruir essa ideia, a qual chamam de misógina e patriarcal, é absolutamente necessário empreender uma nova leitura da Bíblia. Nessa perspectiva, relativizam as Escrituras, atribuindo ao texto bíblico erros e falhas que precisam ser revistos e acertados.

Ora, ao contrário da visão feminista, o marido foi constituído por Deus como cabeça da esposa, assim como Deus é o cabeça de Cristo, e Cristo é o cabeça da igreja (1Co 11.3). Essa liderança nada tem a ver com superioridade; pelo contrário, aponta somente para papéis. Aliás, no versículo 3, o homem é citado como o cabeça da mulher, mas observe que, nos versos 11 e 12, Paulo iguala a ambos. O que está implícito nisso é que a mulher é sujeita ao homem em termos de função e liderança, e que, mesmo assim, se trata de uma sujeição baseada inteiramente no amor — ou seja, quanto mais o homem amar sua esposa, mas ela se sentirá impelida a ser submissa. Portanto, não existem pressupostos bíblicos para afirmar que a mulher é inferior ao homem em termos de natureza, até porque ambos possuem a mesma natureza — a natureza humana. Ambos dependem um do outro, o homem é apenas o cabeça do lar, pois ficou com ele a tarefa de liderar o lar, mas nem por isso a mulher é inferior ao seu marido.

O fato é que, quando a Bíblia usa a expressão "parte mais frágil" em relação às mulheres (1Pe 3.7), não o faz como sinônimo de inferioridade. Em verdade, Pedro assinala que a mulher é mais frágil, mais sensível e, por isso mesmo, deve ser amada e honrada pelo esposo (Ef 5.25-29). Todavia, é inegável o fato de que muita gente tem confundido o conceito bíblico de liderança masculina na família com despotismo. Muitos homens pensam que ser cabeça do lar significa ser uma espécie de coronel, um ditador autoritário que manda, a quem, portanto, é preciso obedecer. Nessa perspectiva, tratam, de forma arbitrária, a esposa com desamor, e os filhos, com rigor desmedido, impondo sobre eles um jugo que a Bíblia condena.

O machismo ainda se faz presente em muitas culturas nas quais a mulher não tem vez nem voz. Posso afirmar que o machismo é uma cultura de opressão que desvaloriza a mulher, tratando-a como um objeto e espoliando-a de seus direitos, além de oprimi-la, obrigando-a a levar uma vida de agruras, dores e marcas.

A prova disso é que, em diversas nações, a mulher é considerada propriedade do pai quando solteira e, do marido, depois de casada. Mas a Palavra de Deus, ao contrário dessa distorção, ensina que o marido precisa amar a esposa como Cristo amou a Igreja (Ef 5.21-23). E precisa amar com um amor perseverante, sacrificial e santificador. O marido deve viver a vida comum do lar e tratar a esposa com honra, como a parte mais frágil (1Pe 3.7). Sua liderança não é para oprimir a esposa, mas para servir a ela.

O problema é que boa parte dos homens foi ensinada a tratar as mulheres com desdém e descaso. Já ouvi muitos pais dizendo: "Cuidem de suas cabras que o meu bode está solto". Isso significa que um rapaz, liberado por seu pai, estaria livre para namorar sem compromisso quantas mulheres desejasse e que, por essa razão, os pais das meninas deveriam cuidar delas, porque, do contrário, o "bodinho" as pegaria. Como assim? Isso é uma afronta, um disparate. A questão é que os filhos da cultura tupiniquim consideram normal tratar as mulheres como se fossem objetos descartáveis, o que desafia, de forma veemente, os ensinos das Escrituras, que, contrapondo-se a isso, determinam que os homens lidem com as mulheres com dignidade e respeito.

Portanto, penso que, mais do que nunca, a igreja necessita lidar com essa questão com muita seriedade, desconstruindo os conceitos de uma sociedade machista, pecadora e anticristã. Ademais, entendo também que é necessário que os pais se dediquem com afinco à missão de instruir e educar seus filhos tanto por meio de exemplo como de palavras, levando-os a compreender que as mulheres foram criadas à imagem e à semelhança de Deus, e que precisam, portanto, ser tratadas com respeito e dignidade.

Lamentavelmente, nossa sociedade desaprendeu a masculinidade, feminizando cada estágio da vida masculina, de modo que os meninos pagam um elevado preço. Diante dessa responsabilidade e dessa missão, os pais cristãos devem trabalhar arduamente para imprimir tanto na mente como no coração de seus filhos pelo menos dez conceitos e valores:

a) Ensine seus filhos a tratar as meninas de forma respeitosa, levando-os a entender que elas não devem ser consideradas um simples objeto de prazer, descartando-as quando "não servirem mais".

b) Ensine seus filhos a tratar as meninas com educação, carinho e afetividade.

c) Ensine seus filhos a, desde cedo, proteger as meninas, lidando com elas como a parte mais frágil.

d) Ensine seus filhos a amar as meninas, tratando-as com amor sacrificial; desse modo, quando se casarem, poderão pôr em prática o ensino bíblico de que os maridos devem amar suas esposas da mesma forma que Cristo amou sua Igreja.

e) Ensine seus filhos a ouvir as meninas, bem como seus conselhos, dicas e considerações.

f) Ensine seus filhos a ser parceiros das meninas, levando-os a compreender a importância de viverem juntos a vida comum do lar, como também a serem copartícipes de sonhos, alvos e quimeras.

g) Ensine seus filhos a valorizar as meninas, como também suas profissões, formação acadêmica e muito mais.

h) Ensine seus filhos a tratar as meninas como iguais. Homens e mulheres diante de Deus são iguais; do ponto de vista bíblico, o homem não é superior à sua esposa. Os homens e as mulheres se complementam, exercem funções diferentes na igreja, na família e na sociedade, mas, diante de Deus são iguais.

i) Ensine seus filhos a servirem as meninas tratando-as com consideração, respeito e dignidade.

j) Ensine seus filhos a se relacionar com meninas de forma que Deus seja glorificado.

4) É NECESSÁRIO ENSINAR À IGREJA A FORMA COMO JESUS (QUE É O MAIOR MODELO DE MASCULINIDADE) TRATAVA AS MULHERES

Jesus é nosso maior modelo, nosso parâmetro. Ele não cometeu pecados, não agiu injustamente com ninguém, muito menos lidou com as mulheres de forma censurável. Aliás, os evangelhos nos mostram que muitas delas seguiam o Senhor. Mulheres diferentes acompanharam nosso salvador em praticamente todos os lugares nos quais ele esteve. Lucas, por exemplo, nos mostra que Maria Madalena, Joana, Susana e várias outras eram próximas a ele (Lc 8.2-3), servindo a ele, inclusive, com os próprios bens, o que aponta claramente para o fato de que Cristo não excluía de seu círculo de relacionamento as mulheres. Nosso Senhor lidava com as mulheres de forma diferenciada.

Veja, por exemplo a ocasião em que Jesus encontrou uma mulher junto ao poço de Jacó (Jo 4.7-9, 25-26). O texto nos mostra que, por volta do meio-dia, o Senhor, cansado de viagem, sentou-se à beira do poço quando, de repente, aproximou-se uma mulher samaritana. As Escrituras afirmam que essa mulher estava sozinha, o que, diga-se de passagem, não era algo corriqueiro para uma mulher, visto que, em geral, elas iam ao poço acompanhadas de outras mulheres e pela manhã bem cedo. Contudo, aquela mulher, por causa da vida que levava, talvez fosse estigmatizada por outras mulheres, o que, obviamente, proporcionou seu isolamento. No entanto, o texto diz que o Senhor, indiferente a isso, puxou conversa com ela, deixando-a extremamente surpresa com o ocorrido, até porque Jesus era judeu, rabi e homem, e, como todos sabemos, os judeus não se davam com os samaritanos. Além disso, o fato de um judeu conversar com uma mulher em lugar público era algo especialmente escandaloso, visto que eles tratavam as mulheres como seres inferiores. Todo bom judeu costumava fazer a seguinte oração: "Senhor, obrigado porque sou judeu, porque não sou gentio e porque não nasci mulher". No entanto, o texto nos mostra que, ao se contrapor a isso, Jesus não somente se aproxima da mulher, mas também fala com ela com bondade, respeito e misericórdia.

De outra feita, uma mulher que sofria por 12 anos devido a uma hemorragia aproximou-se de Jesus (Mc 25.36). Apesar de as Escrituras não relatarem muitos detalhes de sua vida, como, por exemplo, seu nome, se era casada ou onde morava, mostram-nos que ela sofria muito em virtude de sua enfermidade, tendo padecido na mão de vários médicos. Além disso, de acordo com a Lei, uma mulher naquela situação não deveria estar no meio de uma multidão, muito menos tocar em outras pessoas. Mesmo assim, Jesus não a repreendeu, mas a consolou de modo compassivo, chamando-a de "filha".

Noutra ocasião, os fariseus trouxeram-lhe uma mulher apanhada em flagrante adultério para testar qual seria a reação de Jesus, visto que a Lei mandava apedrejar qualquer mulher apanhada nessa condição (Jo 8.1-11). João afirma que, ao ver a mulher flagrada em adultério, Jesus dirigiu-se aos homens que queriam apedrejá-la, dizendo: "Atire a primeira pedra quem estiver sem pecado" e, em seguida, perguntou a ela: "Onde estão teus acusadores, mulher?", ao que ela respondeu que ninguém havia ficado. Em seguida, Jesus disse:

"Nem eu te condeno. Vá e não peques mais". Ora, numa cultura e num contexto em que, fatalmente, essa mulher seria morta, Jesus concede-lhe misericórdia singular.

Outro exemplo interessante de como Jesus lidava com as mulheres está em Mateus 26.6-13, em que, durante um jantar na casa de Simão, o leproso, diante de todos que estavam ali, uma mulher derramou sobre a cabeça de Jesus um perfume caríssimo. Ao ver essa cena, os fariseus disseram que, se Jesus soubesse quem era aquela mulher, não deixaria que ela sequer o tocasse, porque ela era uma pecadora. A reação de Jesus foi imediata ao defendê-la, dizendo: "Deixem-na em paz, ela praticou uma boa ação para comigo" (v. 10). E disse mais, valorizando-a: "Onde quer que este evangelho for pregado em todo o mundo, também será referido o que ela fez, para memória sua", o que, com certeza, escandalizou seus opositores.

Um último exemplo está relacionado à ressurreição de Cristo. As Escrituras afirmam que, depois de haver ressuscitado, nosso Senhor apareceu primeiro a Maria Madalena e a outra discípula, a quem a Bíblia se refere como "a outra Maria" (Mt 28.1).

Interessante observar que Jesus poderia ter aparecido primeiro a Pedro, João ou outro discípulo, mas, em vez disso, dignificou as mulheres, permitindo que essas discípulas fossem as primeiras testemunhas oculares de sua ressurreição. Um anjo disse a elas que relatassem esse evento maravilhoso aos discípulos. Jesus disse às mulheres: "Ide, relatai isso a meus irmãos" (Mt 28.1, 5-10), o que nos mostra, nas entrelinhas, que Jesus contrapôs-se à ideia reinante entre os judeus de que as mulheres não podiam servir como testemunhas legais, enviando-as, assim, como testemunhas de sua ressurreição.

A Bíblia nos traz inúmeros exemplos de que Jesus tratou as mulheres com respeito, valor e amor dentro de uma cultura na qual elas eram consideradas inferiores aos homens. E mais: Nosso Senhor as valorizou numa época em que eram praticamente invisíveis, tratando-as com singeleza e dignidade, indo na contramão de uma sociedade que as considerava simples objetos.

5) É NECESSÁRIO QUE OS HOMENS APRENDAM A SER HOMENS

Quando estava chegando o dia da morte de Davi, ele deu alguns conselhos ao seu filho Salomão. Entre as diferentes orientações, uma me chamou a atenção, quando esse notável rei disse ao filho que ele, ao assumir o governo de Israel, precisaria ser homem (1Rs 2.1-3).

Interessante isso, não é mesmo? É claro que Davi sabia que os desafios que Salomão iria enfrentar após a sua morte seriam hercúleos e que, portanto, havia necessidade de que ele se portasse como homem, conduzindo a nação com firmeza, autoridade, sabedoria e honradez. E é claro que Salomão também sabia disso.

Afinal de contas, se havia algo que ele aprendera com seu pai, foi como ser homem. Isso mesmo, Davi teve inúmeros erros, e a Bíblia não os omite (ao contrário, os revela), mas também mostra as virtudes desse homem que era segundo o coração de Deus.

Caro leitor, por acaso você já percebeu que hoje há necessidade de se contar com modelos masculinos? Pois é, acredito que a masculinidade é um valor que precisa ser aprendido e copiado. O problema é que, em meio à crise de masculinidade inerente ao nosso tempo, quase não encontramos referências masculinas na sociedade ou na igreja, o que, de certa forma, tem contribuído para uma visão distorcida sobre o que significa efetivamente ser homem. Nessa perspectiva, sou levado a acreditar que a melhor maneira de ensinar masculinidade às atuais gerações é resgatar exemplos bíblicos de homens que espelharam em suas vidas atributos saudáveis relacionados à masculinidade. Neemias foi um modelo notável de liderança; Sansão, de coragem; Josué, de fé e perseverança; Boaz, de misericórdia e amor; Moisés, de longanimidade; Jônatas, de amizade; Davi, de honestidade; Salomão, de sabedoria; Noé, de integridade; e muitos outros são os exemplos. Olhar para esses homens, valorizar suas virtudes, aprender com seus erros, tudo isso é uma excelente dica e uma saída para essa geração sem referências, absorta em pecado e que tem sofrido ataques cruéis por parte desse sistema imerso em perversidade, que tenta, a olhos vistos, descontruir os valores inerentes à masculinidade.

Precisamos olhar para Bíblia, observar a história dos santos homens de Deus, aqueles que serviram ao Senhor com firmeza e honradez, mostrando a essa geração o padrão bíblico de masculinidade, levando, portanto, os mais jovens a compreender que, mais do que nunca, é preciso seguir o conselho de Davi a Salomão: "Seja forte e seja homem!".

CONCLUSÃO

Chegamos ao final deste livro com a certeza de que a igreja ocidental vive uma severa crise de masculinidade. Além disso, concluímos que, nas últimas décadas, a igreja, suas estruturas, ministérios e liturgia têm sido feminizados. O cristianismo — uma fé baseada em verdades pelas quais bravos homens estavam dispostos a morrer — foi transformado em uma espiritualidade de mero sentimentalismo.

Muitas igrejas protestantes, outrora fortes e pungentes, estão com os púlpitos repletos de mulheres. Os sermões tornaram-se insípidos, sensitivos e maçantes, e as ideologias feministas tomaram conta de boa parte dos arraiais evangélicos. Em contrapartida, apesar disso, vimos também que as Escrituras nos oferecem princípios e valores que devem e podem ser observados pelos homens, os quais foram chamados por Deus a desenvolver uma masculinidade saudável, glorificando a Deus na condição de maridos, pais, líderes, servos, mestres, protetores e provedores.

Concluo dizendo que não sou fatalista e que, apesar dos dias que vivemos, acredito piamente que exista uma saída para a igreja brasileira. Portanto, meu desejo é que a leitura deste livro possa ter contribuído para sua convicção de que, apesar da crise de masculinidade vivenciada no Ocidente e, por conseguinte, na igreja brasileira, ainda é possível resgatarmos, à luz das Escrituras, conceitos, valores e comportamentos relacionados ao homem e ao seu papel na família, na igreja e na sociedade.

Minha oração é para que as informações adquiridas nesse material possam ter produzido em seu coração muito mais que meras informações. Na verdade, minha expectativa é que o Espírito Santo tenha, através de cada palavra escrita, ressuscitado em seu íntimo a esperança de dias melhores para a tão combalida igreja tupiniquim.

Oro também pela igreja do Senhor Jesus em cada cidade e estado brasileiro, pedindo ao Eterno Rei que a abençoe, livrando-a das incongruências e patologias de uma sociedade envolvida em pecado e relativismo.

Que Cristo nos ajude a construir uma igreja saudável, com homens e famílias saudáveis, que vivam para a glória de Deus e que, mediante seu testemunho, possam impactar as gerações de nossa época com as maravilhosas doutrinas do evangelho!

Soli Deo gloria!

APÊNDICE

Sugestão de filmes que abordam aspectos de uma masculinidade saudável

Tenho um filho que é cineasta, de modo que aprendi com ele que o cinema tem a capacidade de moldar culturalmente a sociedade, influenciando-a para o bem ou para o mal. Na verdade, o cinema pode ser uma grande escola diferenciada, daquelas em que a gente entra durante a infância e não tem mais hora para deixar. O cinema é aquele tipo de entretenimento que nos tem equipado com filmes de temáticas diversas, os quais, além de divertir, acompanham nosso amadurecimento, ajudando-nos a refletir sobre os dilemas da vida.

Sabendo disso e entendendo que os filmes podem revelar-se extremamente úteis tanto na construção como na reflexão sobre o significado da masculinidade, elenco, a seguir, alguns filmes que focam em virtudes e valores indispensáveis aos homens. Na lista que se segue, você verá obras cinematográficas que incentivam coragem, fidelidade, amor, respeito, lealdade, amizade, paternidade responsável, perseverança e muito mais.

- *O Senhor dos Anéis: A Sociedade do Anel* (2001)
- *O Senhor dos Anéis: As Duas Torres* (2002)
- *O Senhor dos Anéis: O Retorno do Rei* (2003)
- *O Hobitt: Uma Jornada Inesperada* (2012)
- *O Hobbit: A Desolação de Smaug* (2013)
- *O Hobbit: A Batalha dos Cinco Exércitos* (2014)
- *A Noviça Rebelde* (1965)
- *Jornada pela Liberdade: a vida de Willian Wilbeforce* (2006)
- *El Cid* (1961)
- *Homens de Coragem* (2017)
- *Lutero* (2004)
- *Corajosos* (2011)
- *O livro de Eli* (2010)
- *Armagedon* (1998)
- *300* (2006)
- *Os Dez Mandamentos* (1956)
- *Gladiador* (2000)
- *Rocky, um lutador* (1986)
- *A Lista de Schindler* (1993)
- *John Huss* (1977)
- *Intocáveis* (2011)
- *Wesley, um Coração Transformado* (2010)
- *À prova de fogo* (2008)

- *Ben-Hur* (1959)
- *A vida é* bela (1997)
- *À Procura da Felicidade* (2006)
- *Coração Valente* (1995)
- *O Patriota* (2000)

FIEL
MINISTÉRIO

O Ministério Fiel visa apoiar a igreja de Deus, fornecendo conteúdo fiel às Escrituras através de conferências, cursos teológicos, literatura, ministério Adote um Pastor e conteúdo online gratuito.

Disponibilizamos em nosso site centenas de recursos, como vídeos de pregações e conferências, artigos, e-books, audiolivros, blog e muito mais. Lá também é possível assinar nosso informativo e se tornar parte da comunidade Fiel, recebendo acesso a esses e outros materiais, além de promoções exclusivas.

Visite nosso site

www.ministeriofiel.com.br

LEIA TAMBÉM

Reforma agora

O Antídoto para a Confusão Evangélica no Brasil

Renato Vargens

Impressão e Acabamento | Gráfica Viena
Todo papel desta obra possui certificação FSC® do fabricante.
Produzido conforme melhores práticas de gestão ambiental (ISO 14001)
www.graficaviena.com.br